La position
ET LES AIDES

Ouvrages publiés pour la première fois en langue anglaise sous les titres :
Threshold Picture Guides : Number 20 - © 1991 The Kenilworth Press Limited
Threshold Picture Guides : Number 32 - © 1995 The Kenilworth Press Limited

Illustrations : Carole Vincer

Photographie p. 4 : Laurioux/NATURE

Traduction : Sidonie Facquez
Consultation et relecture technique : Sophie Ribaud
PAO : Francis Rossignol, Isabelle Véret
Photogravure : Stéphanie Henry, Chantal Mialon

ISBN : 978-2-84416-730-9
N° d'éditeur : 84416
Dépôt légal : janvier 2008

Achevé d'imprimer : décembre 2007
Imprimé en Chine par SNP Leefung

La position
ET LES AIDES

Joni Bentley
Pegotty Henriques

Artémis
Éditions

sommaire

LA POSITION DU CAVALIER

LES AIDES DU CAVALIER

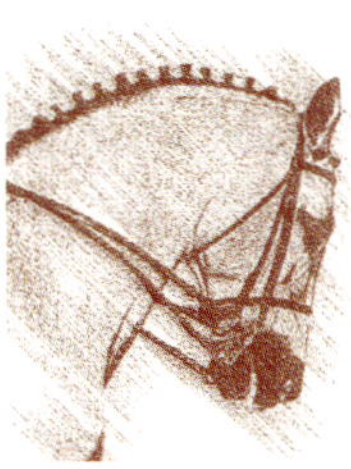

La position du cavalier

Une des grandes difficultés de l'équitation est d'avoir une position confortable tout en conservant son équilibre sur un cheval en mouvement. C'est avec une bonne position que vous pourrez diriger le cheval sans entraver sa grâce et sa beauté naturelles. Si vous vous affalez, vous raidissez, vous tendez ou vous forcez, vous interférerez avec l'allure naturelle du cheval.
Les chevaux sont des créatures extrêmement sensibles. Ils se basent sur les signaux corporels donnés par le cavalier pour se guider. Cela peut être assez déroutant si le cavalier a une connaissance limitée de son propre corps et de la façon dont il fonctionne. Par contre, s'il se sert correctement de son esprit comme de son corps, le cavalier sera alors réceptif aux « sensations ».
La communication entre le maître et sa monture sera cohérente et exploitée à son maximum.
En tant que cavalier, nous nous concentrons sur le comportement du cheval : il doit toujours être calme, droit et en avant.
Et en ce qui nous concerne ? En fait, ces qualités valent également pour nous :

- Calme : un esprit concentré travaillant en harmonie avec le corps au moment présent.
- Droit : à la verticale, dans le mouvement, et latéralement, le poids du corps équitablement réparti sur le dos du cheval. Le cavalier établit un contact avec les deux rênes.
- En avant : la tête dirige le mouvement du cavalier grâce à une colonne vertébrale tonique mais non tendue. Le cavalier étire son corps au maximum pour absorber les mouvements et diriger le cheval.

Le but de ce chapitre est de vous montrer qu'une bonne position améliorera non seulement vos performances en selle, mais également les performances de votre cheval. De plus, les bénéfices se répercuteront sur votre vie quotidienne et votre santé.

Qu'est-ce qu'une bonne position ?

Avant d'entrer dans une explication plus détaillée sur la façon d'améliorer vos performances en selle, soulignons les principaux éléments qui vous permettront d'avoir une bonne position.

- Oreille, épaule, hanche et talon alignés sur une ligne verticale.
- Tête dégagée.
- Épaules détendues.
- Omoplates rapprochées.
- Thorax légèrement en avant.
- Bras le long du corps.
- Coudes pliés.
- Poignets droits.
- Coude, poignet et bouche du cheval alignés sur une ligne horizontale.
- Poids également réparti sur les fessiers.
- Jambes tombant librement.
- Genoux décontractés, non serrés.
- Mollets au contact.
- Chevilles libres.
- Pieds sous les fessiers.
- Étriers sous la plante des pieds.
- Talons descendus.

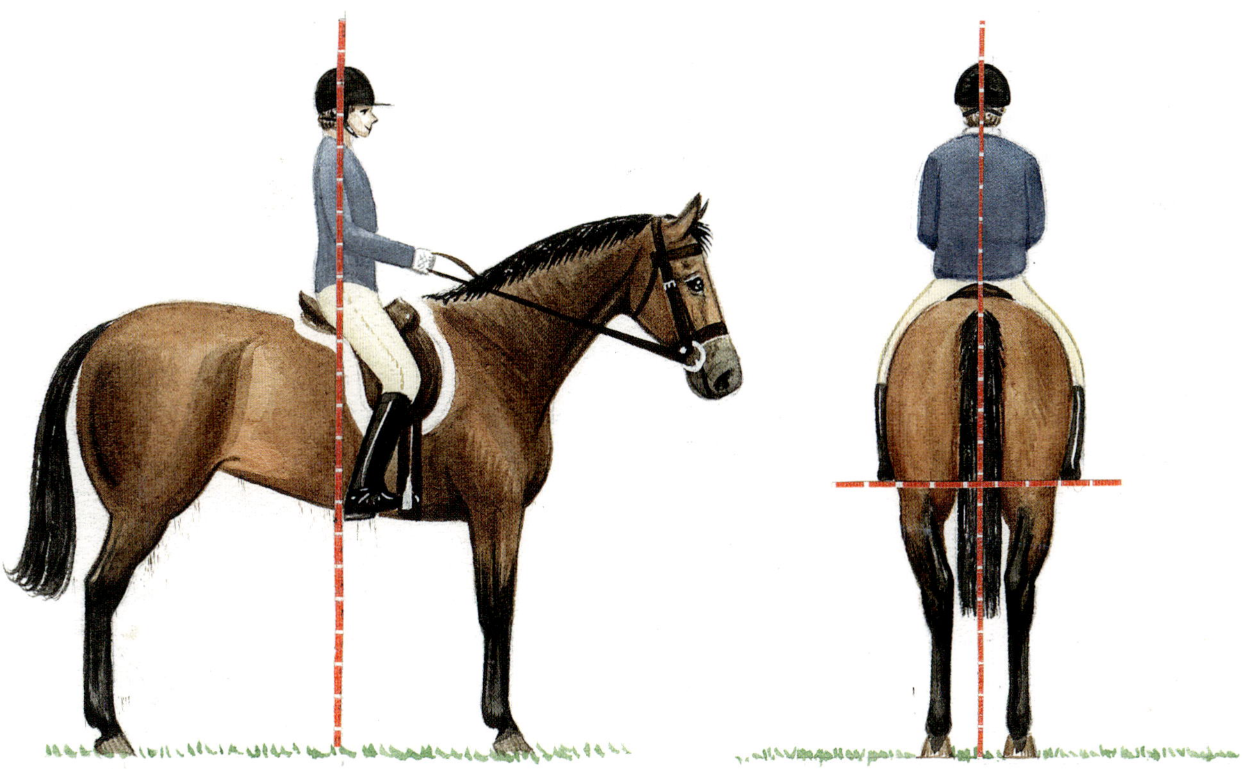

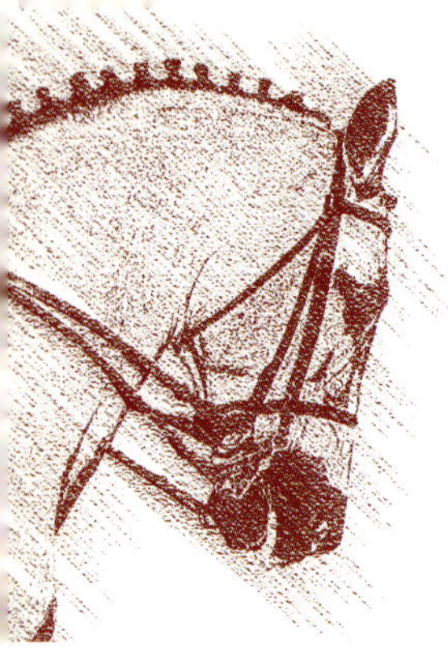

L'assiette

Si vous avez une mauvaise position, votre corps ne peut pas travailler correctement. L'illustration de gauche montre comment bien se tenir (en terme de cheval, bon profil, ou sur la main), alors que la figure de droite est un exemple de mauvaise position (mauvais profil, ou au-dessus de la main). Par ailleurs, cette dernière position peut engendrer une certaine raideur ainsi que des problèmes de dos, en même temps qu'elle empêchera le cavalier d'être efficace.

Trouver la bonne position

En selle, afin que le buste, le cou et la tête soient correctement alignés tout en étant à l'aise et décontractés, asseyez-vous sur le point central le plus bas de vos fessiers. Pour vous aider, imaginez que vos fesses sont deux pieds qui supportent le poids du haut de votre corps.

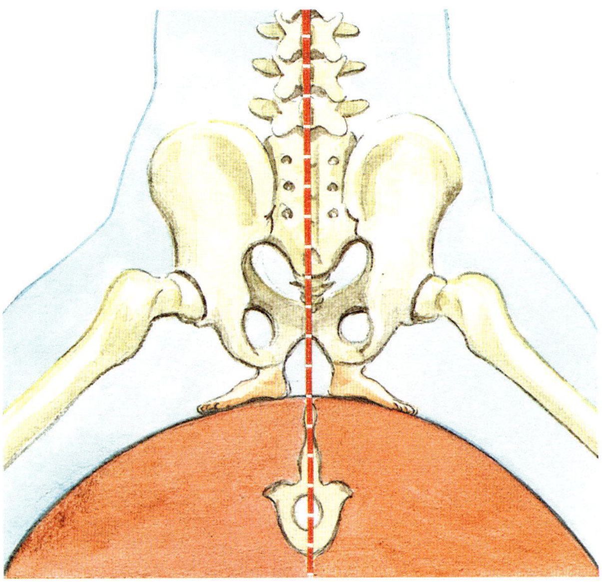

▲ Imaginez que sous les os du bassin vous avez deux petits pieds qui vous assurent une meilleure stabilité. Assurez-vous que votre poids est bien réparti des deux côtés de la colonne.

Bonne position
Comme un cheval « sur la main ».

Mauvaise position
Comme un cheval « au-dessus de la main ».

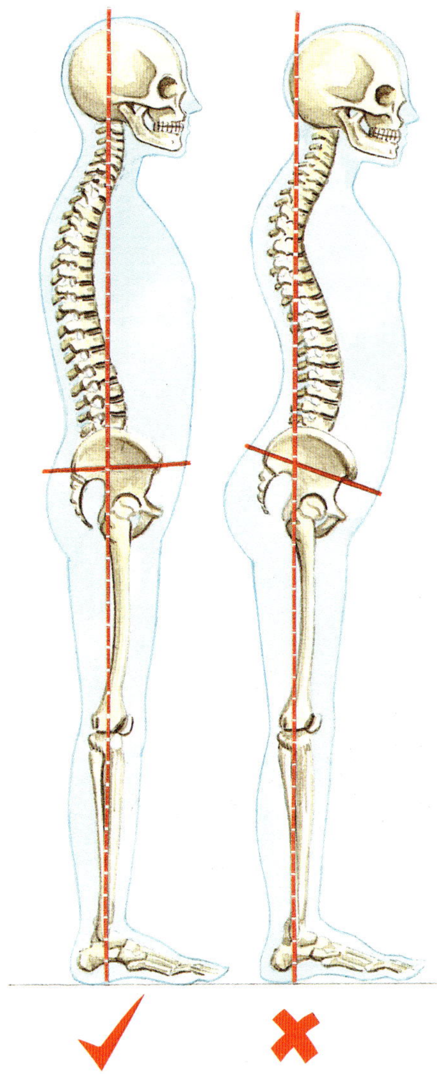

Assis sur l'arrière du bassin

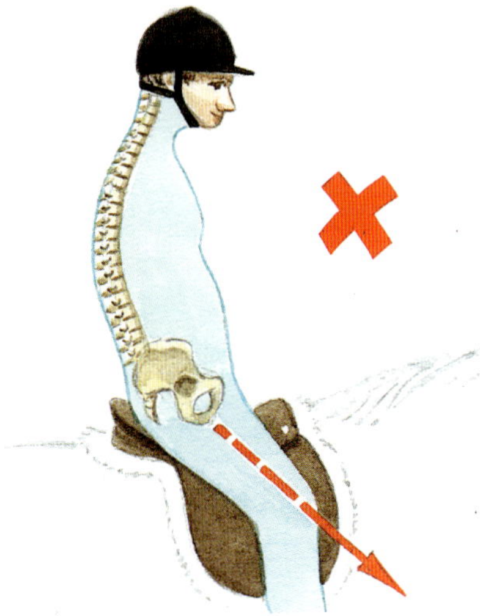

La pression est mise sur toute la colonne et vous êtes en retard sur le mouvement. Vous ne pouvez pratiquement pas ramener vos jambes sous votre bassin et maintenir un alignement correct.

Assis sur l'avant du bassin

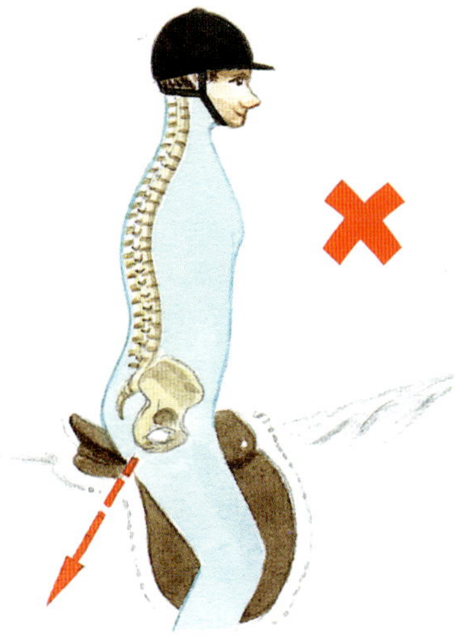

Le bas de votre dos est cambré et votre cou raidi, vous plaçant en antéversion et en avant du mouvement.

Bon alignement vertical

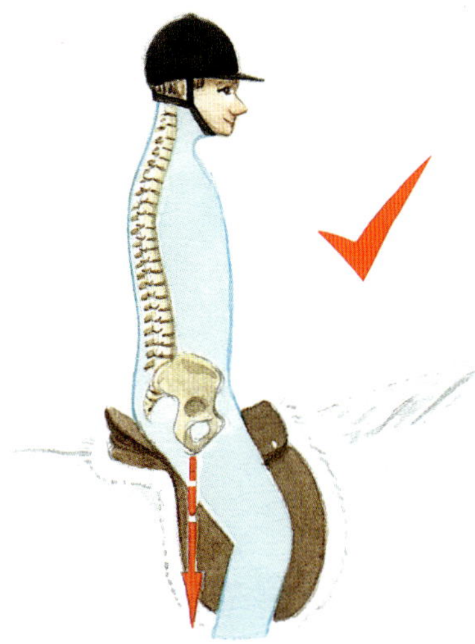

Quand vous êtes assis sur la partie centrale la plus basse du bassin, l'alignement vertical est facile. Les tensions et la pression sont éliminées.

Bassin voussé

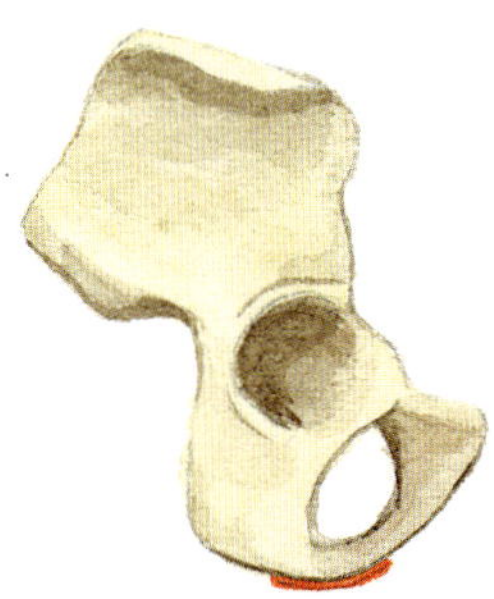

Bassin cambré

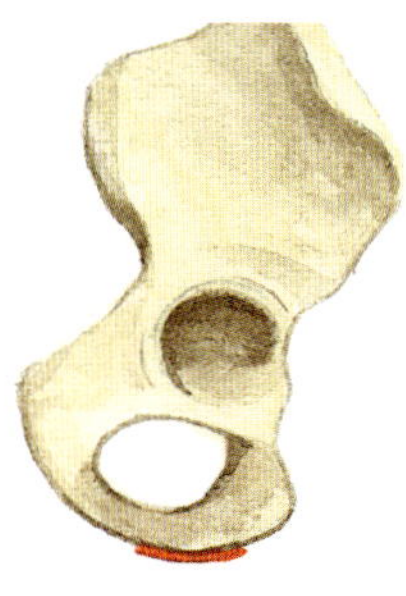

Bassin équilibré

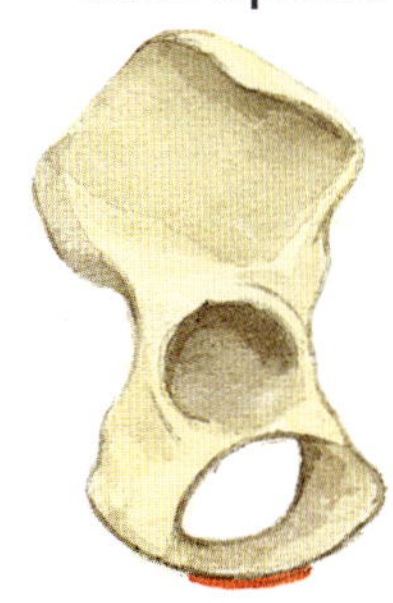

Les ischions ont la forme de petites bascules avec une partie avant, une partie centrale et une partie arrière. Pour trouver le point central le plus bas, asseyez-vous sur les mains, les paumes vers le haut. Vos os sont peut-être plus sur l'avant que vous ne le pensiez. Si vous avez du mal à les trouver, basculez de l'un sur l'autre. Équilibrez maintenant la partie centrale afin de répartir équitablement votre poids entre les deux os. Cela constitue la base d'une bonne assiette verticale.

Rétroversion et antéversion

Opérez une bascule d'avant en arrière sur vos os jusqu'à vous placer sur la bordure arrière. Votre bassin est alors en rétroversion. Cela affecte votre tête, votre cou, le dos, la poitrine et les épaules. La selle vous soutient-elle ou êtes-vous assis trop lourdement pour la sentir ?

Replacez-vous à la verticale et notez les changements dans le haut de votre corps. Votre poids se porte sur le bas de votre corps, en étant équilibré par la selle et le cheval.

Placez votre bassin en antéversion maintenant : le bas de votre dos a tendance à se cambrer et votre poitrine à se bomber. Revenez en position verticale puis vers l'avant plusieurs fois et vous remarquerez la façon dont vous êtes assis sur votre fessier.

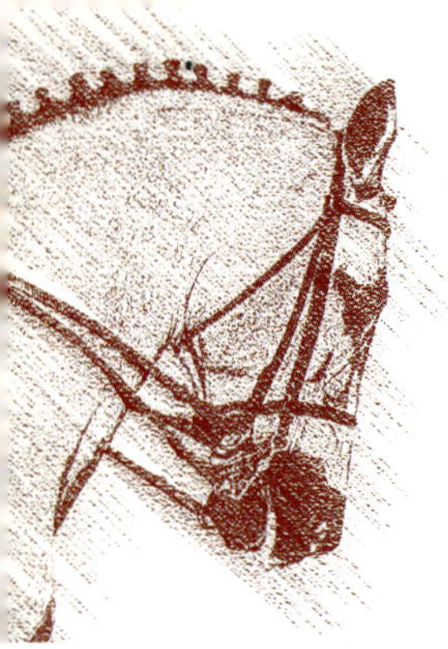

La répartition du poids

Le « cavalier tordu »

Il est essentiel que le poids du cavalier soit bien réparti sur le dos du cheval, et il faut donc être bien assis sur ses deux fesses. Si le cavalier est tordu (mauvaise répartition du poids), la monture va compenser cette charge mal répartie et sera bientôt tordue elle-même.

Si, par exemple, vous êtes droitier, il est possible que le côté droit de votre corps soit plus fort mais plus court que votre côté gauche, déplaçant alors le flanc gauche sur le côté.

Le cavalier qui monte avec un côté plus bas que l'autre a tendance à placer sa hanche sur l'extérieur et le corps sera alors entièrement tordu.

Pour corriger une mauvaise répartition

Tendez les bras vers le haut, les doigts pointés vers le ciel, les paumes vers l'avant. Faites passer le poids de votre tête, du cou, des épaules, des bras et du haut du corps dans votre assise à travers votre buste, jusqu'à ce que le poids soit réparti de façon équitable, verticalement et latéralement. Vérifiez si votre poitrine se soulève ; si oui, relâchez-la et vous verrez que la tension diminue dans le bas de votre dos.

◀ Un homme tordu marche de façon tordue. Vous vous tenez à cheval de la même façon que debout. Prendre conscience de vos défauts est la base d'une bonne position.

Demandez à quelqu'un de vous observer pour vérifier que vous prenez la bonne position. Attention, car ce placement inhabituel vous semblera inconfortable pendant un certain temps. Faites également des mouvements de la tête et vérifiez si cela influe sur votre position.

Maintenant, les doigts tendus vers le ciel, étirez un bras puis l'autre. Soyez attentif aux changements de poids sur les appuis du fessier. Équilibrez le poids sur la partie centrale la plus basse. Plus vous vous étirez et ouvrez votre thorax, plus le bas de votre corps et votre fessier se relâchent et sont soutenus par le cheval.

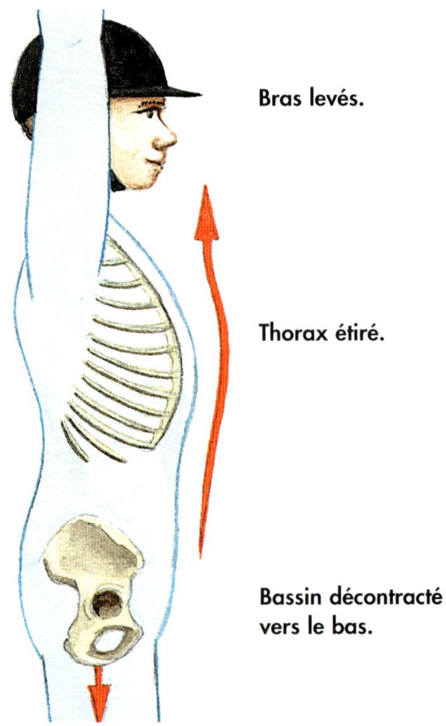

La tête et les jambes

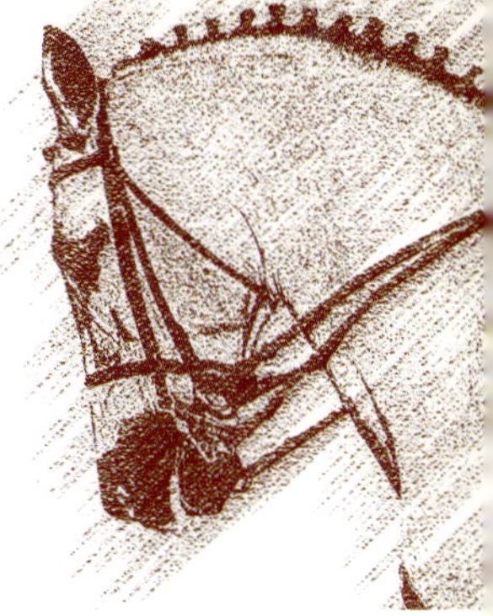

La tête et le cou

La façon dont la tête du cavalier est positionnée sur le haut de la colonne vertébrale détermine dans quelle mesure le cavalier aura une bonne position. Si la tête n'est pas bien placée, le dos ne pourra pas absorber les mouvements du cheval.

Si votre mâchoire est coincée dans votre cou, vous ne pourrez plus déplacer librement ni la tête, ni le cou, ni le dos (comme un cheval encapuchonné). De nombreux cavaliers pensent à tort que tirer sur les rênes met le cheval sur la main. Malheureusement, ils ne font que restreindre l'élasticité de son cou et figer le port de sa tête et de son dos.

En baissant et en relevant la tête, vous sentirez des tensions vers le haut et vers le bas de votre dos, ce qui est très désagréable. Il en va de même lorsque votre cheval est au-dessus de la main.

Afin que le cavalier soit sur la main, la tête doit être légèrement penchée vers l'avant.

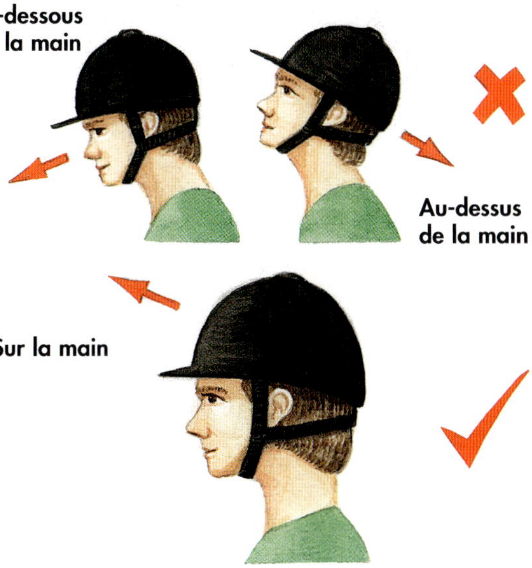

▲ Un léger mouvement de rotation d'un point situé entre les oreilles et le nez doit vous permettre de faire aller votre tête de haut en bas sans raidir la nuque.

Les jambes et les pieds

Les mouvements des jambes et des pieds sont très importants et généralement négligés au cours de l'entraînement, surtout en ce qui concerne la partie sous les genoux. Pour que vos chevilles et vos genoux fassent office de ressort et absorbent les chocs, vous devez d'abord les relâcher. Les tibias doivent être décontractés. Il faut ensuite relâcher l'arrière de la jambe, du genou jusqu'à la cuisse et jusqu'à la cheville, en passant par le tendon d'Achille. Cela permet au talon de descendre, cette position étant un élément primordial pour assurer une assiette stable et créer l'impulsion à cheval.

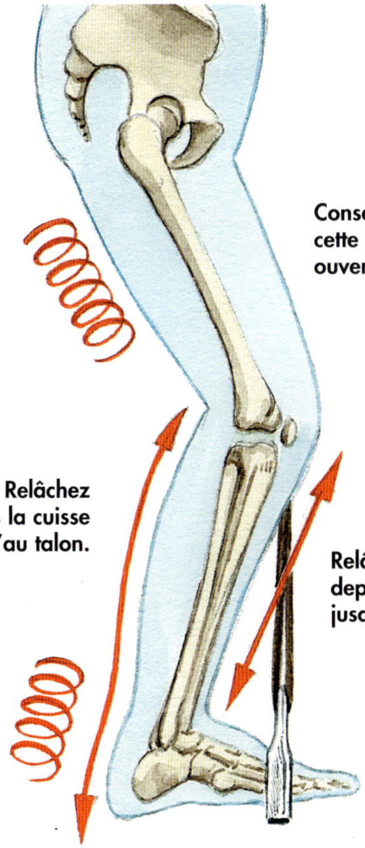

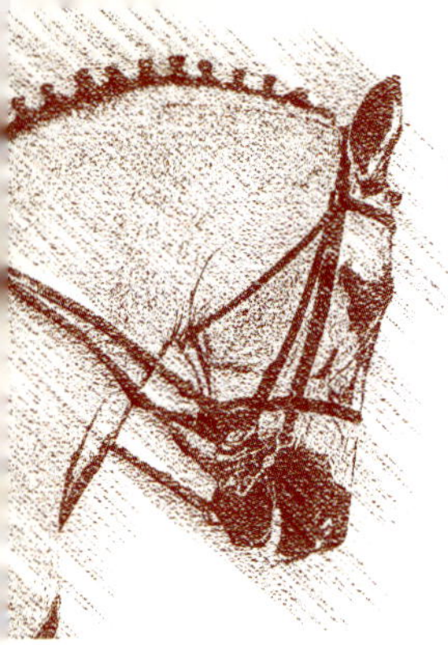

La concentration du cavalier

L'état d'esprit

Lorsque vous montez à cheval, la moindre des choses est de vous montrer parfaitement attentif. Pour y parvenir, il faut savoir comment fonctionne votre esprit, qui a tendance à toujours voyager entre le passé, le présent et le futur. Ainsi, si votre esprit est rempli de mauvais souvenirs, ou si vous appréhendez l'avenir, vous serez constamment en état de tension, et vous perdrez de vue ce qui est en train de se dérouler au moment présent. Et comme le passé est révolu et que vous ne pouvez pas contrôler l'avenir, cet état d'esprit est inutile : il vous fait perdre votre énergie et un temps précieux pour l'entraînement.

Arrêtez de lire pendant quelques instants et concentrez-vous sur votre corps, spécialement sur votre respiration : remarquez comment cela calme l'esprit. Le stress est diminué et le corps se décontracte, il libère la tension accumulée. Quand vous êtes déconcentré, aidez votre esprit à se montrer plus attentif. Pour cela, regardez autour de vous, écoutez les bruits qui vous entourent ou claquez des doigts. Cela vous aidera à vous reconcentrer sur l'instant présent.

Sur le terrain

Si le cavalier est tendu, le cheval le ressent par des signaux imperceptibles. Inversement, votre animal peut prendre peur (il frissonne), et cela accroît encore la tension du cavalier.

L'anxiété peut parfois jouer de mauvais tours. Cela arrive souvent aux cavaliers qui ont peur du saut d'obstacles. L'esprit perd le sens des réalités et se projette dans le futur, imaginant les problèmes avant qu'ils ne surviennent. Le cavalier devient alors complètement inefficace et ce qu'il appréhendait se concrétise.

Si cela vous arrive, concentrez-vous sur votre respiration. Regardez au-delà de l'obstacle et soyez attentif à ce qui vous entoure. L'obstacle vous paraîtra plus petit et moins effrayant.

▼ Le cavalier pense à ses vacances. Il ne se concentre pas entièrement sur son cheval. En obstacles et en saut, cela peut entraîner des accidents.

▼ Le cavalier approche de l'obstacle en ayant peur de ce qui pourrait arriver. Cette appréhension pourrait causer une chute.

Le contact sur les rênes

Voici quelques idées pour vous aider à avoir un bon dialogue avec votre cheval.

Un contact léger

Tout d'abord, laissez le cheval mouvoir vos mains par l'intermédiaire des rênes et imaginez que vos mains « communiquent » avec la bouche du cheval et non avec vos hanches. Cela encourage le cheval à bien étendre sa colonne et à se poser sur la main. Plus il a de liberté de mouvement au niveau de la tête, du cou et du dos, mieux il respire et plus il lui est facile d'effectuer les mouvements que vous lui demandez. Vos mains doivent suivre les mouvements d'avant en arrière de la tête du cheval, afin que son cou s'allonge en souplesse et qu'il ne soit pas raide et serré. Avec un contact léger, sentez la bouche du cheval à travers les rênes. Le cheval va rapidement se poser sur la main si vous le laissez faire. Ceci constitue la première étape du travail de la main et une condition essentielle pour être fixe.

Une bonne sensation

Pour développer une bonne sensation dans vos mains, imaginez que vous tenez deux petits oiseaux. Vous devez les tenir doucement, mais sans les laisser s'échapper. Et vous ne devez pas trop les serrer, sinon vous les écraserez.

Vérifiez souvent votre position. Votre nuque doit être libre, vos épaules décontractées, de même que vos coudes. Ces derniers sont légèrement écartés de votre thorax, mais sans être rigides. Imaginez que deux rayons de lumière sortent de l'intérieur de vos poignets et se rencontrent. Cela vous aidera à conserver une bonne position des mains : les paumes relâchées et l'intérieur du bout des doigts sur votre paume.

◀ La tension des mains bloque les bras. Le cheval raidit sa mâchoire pour éviter cet inconfort.

▼ Imaginez que vous tenez deux petits oiseaux : ne les écrasez pas, mais ne les laissez pas s'échapper. Pensez à un rayon de lumière qui va d'un poignet à l'autre.

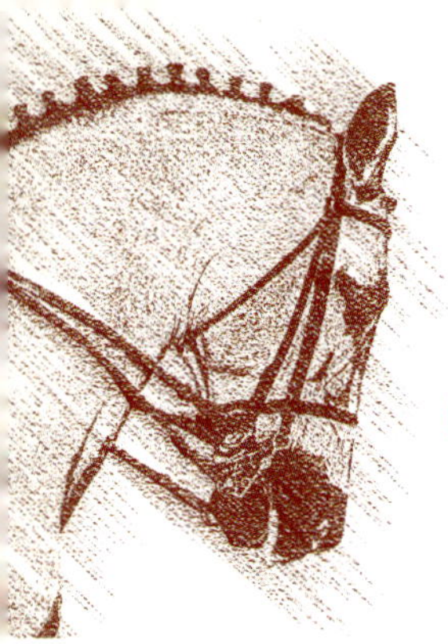

À la recherche du contact

▲ 1. Commencez par marcher au pas en lâchant les rênes et observez où le cheval place sa tête. Notez les mouvements de la tête d'avant en arrière.

▲ 2. Penchez-vous en avant et touchez les deux côtés du garrot. Reprenez le contact seulement avec la rêne gauche, en touchant toujours le garrot du côté droit. Si le cheval ne prend pas la main, il va raccourcir le cou.

▲ 3. Reprenez le contact sur la rêne droite et touchez le garrot du côté gauche. Le cheval devrait encore prendre la main.

▲ 4. Maintenant que les deux rênes sont tendues, laissez le cheval placer sa tête où il le veut. Adaptez vos mouvements aux siens et il commencera à prendre la main.

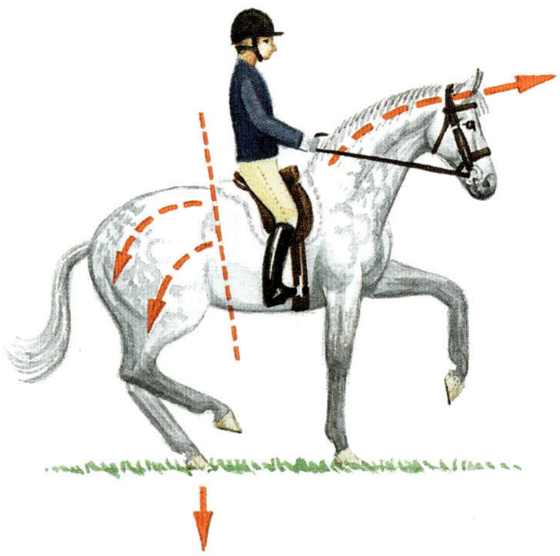

▲ Ne vous inquiétez pas si le cheval étend l'encolure et qu'il tire plus sur vos mains (ci-dessus). Afin de se placer (à droite), le cheval doit pouvoir étirer toute sa colonne. Plus il s'étire, plus il allonge son corps, ce qui est important pour pouvoir effectuer un travail plus élaboré.

Vérifiez souvent votre position :

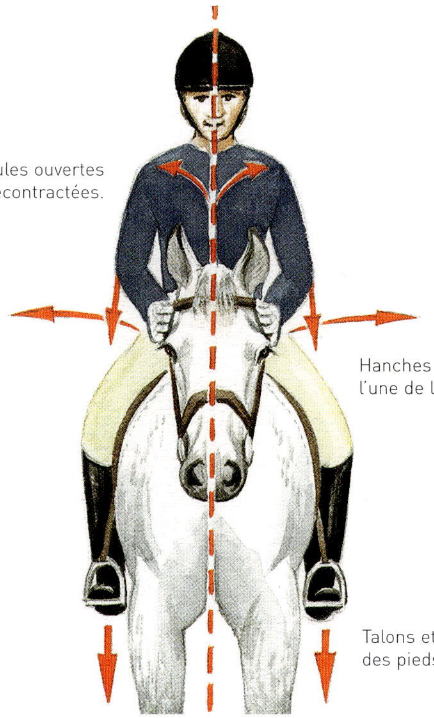

Travail à cru

Monter à cru crée un rapport sensuel entre le cheval et son cavalier et aide ce dernier à mieux comprendre comment fonctionne le corps de sa monture. Cependant, avant de commencer ce type de travail, assurez-vous de disposer du bon cheval (calme) et d'un ami qui vous emmènera dans un endroit tranquille.

La position

Anatomiquement parlant, votre squelette vous prédispose à monter à cheval : la séparation de votre torse à la taille isole votre thorax du bassin. Cela vous permet d'absorber les mouvements du cheval. Vous pouvez prendre en charge le haut de votre corps et laisser le bas de votre dos, ainsi que votre bassin, au cheval.

Tout d'abord, vérifiez que vous n'êtes pas assis en étant trop tendu : soulagez le dos du cheval. À l'inverse, vérifiez que vous mettez assez de poids sur son dos et faites-vous plus lourd si nécessaire. Le poids de votre tête, de votre cou et de votre dos doit descendre dans votre postérieur.

L'exercice

Demandez à un ami de vous guider. Restez au pas en relâchant les rênes. Sentez la colonne du cheval se déplacer sous votre fessier et vérifiez que votre poids est réparti de façon équilibrée. Parce que l'on est habitué à avoir une mauvaise position, le fait de bien se tenir fait souvent un effet bizarre. Gardez cela en tête et demandez à un ami de vous observer.

Levez ensuite les bras en l'air. Tendez les doigts vers le ciel, paumes de la main à l'intérieur, et tournez votre petit doigt légèrement vers l'intérieur. Votre corps (sauf la tête) doit être « pendu » aux bouts de vos doigts. Votre fessier, de chaque côté de la colonne du cheval, peut maintenant s'appuyer encore plus sur l'animal. Sentez les mouvements du cheval sous votre corps.

Vous pouvez alors baisser les bras mais sans refermer votre thorax.

Concentrez-vous ensuite sur les mouvements du thorax du cheval quand il engage un postérieur puis l'autre. Vous remarquerez que lorsque sa cage thoracique passe d'un côté puis de l'autre, votre fesse et votre jambe gauches s'abaissent. Ce côté de votre thorax doit monter sans que l'autre côté ne s'affaisse.

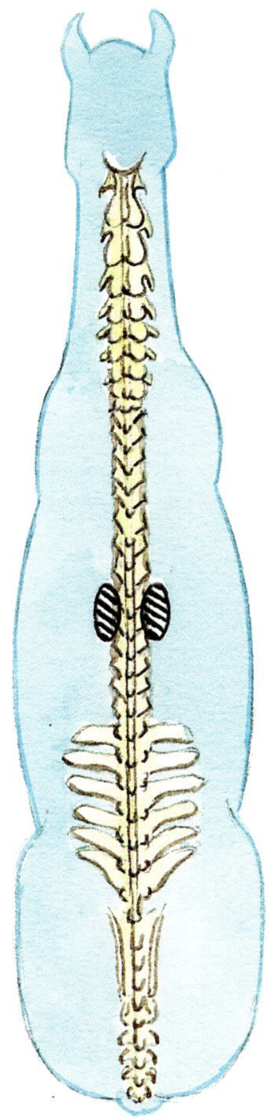

◄▼ Vus du dessus, les appuis se voient encore mieux.

◄ Pression égale sur le fessier

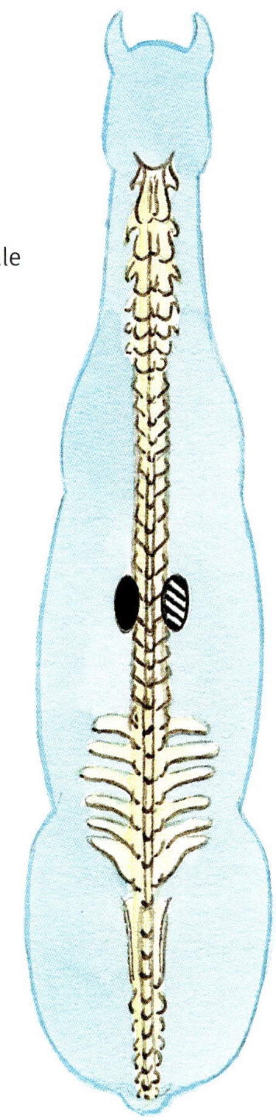

Plus de pression à gauche qu'à droite ►

Cela contracte les muscles du côté gauche et engendre un raccourcissement de ce côté-là, ce qui déforme la position du cheval.

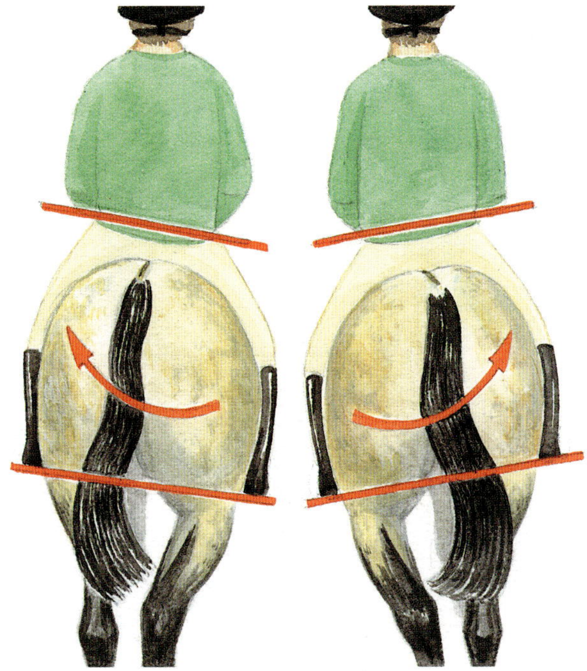

► Les mouvements vers la gauche du thorax du cheval abaissent la fesse et la jambe droites du cavalier, et inversement.

Faites l'exercice suivant jusqu'à ce que vous sentiez vos hanches bouger dans toutes les directions : vers le haut, vers le bas, vers l'arrière, vers l'avant et sur les côtés.

Pour avoir une assiette souple et assurée

Marchez au pas en vous faisant guider par un ami et demandez-lui de vous poser les questions suivantes (prenez deux minutes pour répondre à chaque question). Afin d'améliorer vos sensations, fermez les yeux (si la sécurité le permet) :

- Pouvez-vous sentir le cheval déplacer votre hanche et votre fesse gauches :
  1) Vers le haut ?
  2) Vers le bas ?
  3) En avant ?
  4) En arrière ?
  5) Sur les côtés ?

Si vous avez des problèmes avec les mouvements de côté, concentrez-vous sur le balancement du thorax du cheval.

- Faites la même chose avec la hanche et la fesse droites.

Pour développer la fixité

Levez le bras droit en l'air, les doigts pointés vers le ciel. Quand vous sentez le thorax du cheval passer à gauche, appuyer un peu plus fort sur la fesse droite tout en tendant la main droite vers le ciel et le côté droit de votre cage thoracique se déplace un peu sur la droite. Vos muscles intercostaux s'étirent. Faites la même chose avec le bras gauche.

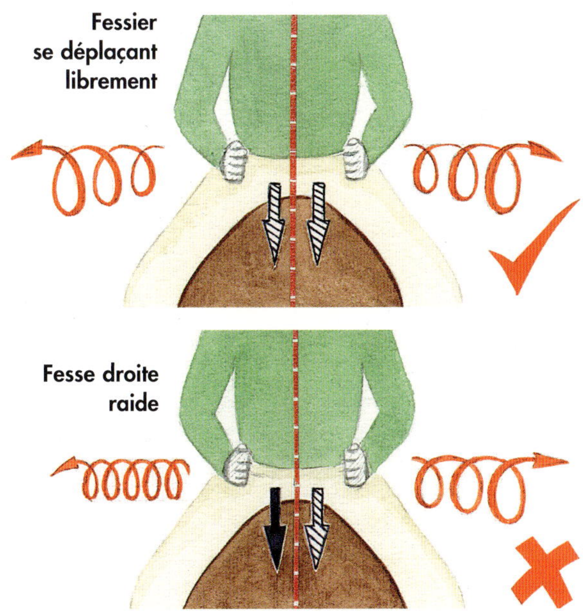

► Le bas du côté droit du bassin du cavalier est raide et bloque le côté droit du dos du cheval.

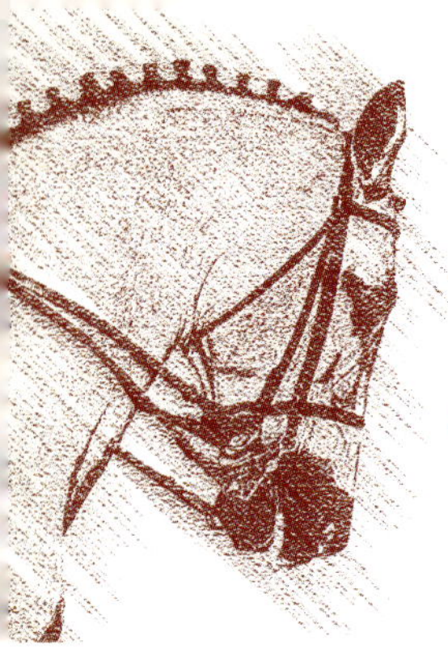

Au pas

Le pas est une allure à quatre temps. À tout moment, le cheval a trois sabots au sol et son corps n'est jamais en suspension. Au pas comme à toutes les allures, votre équilibre ainsi que la liberté de vos mouvements affectent grandement le cheval.

Le raidissement

Un bon pas se caractérise par une foulée ample. Si vous vous montrez désagréable à cheval (trop dominateur ou poussant avec l'assiette), le cheval se raidit afin de se protéger et fera des foulées plus courtes (certains cavaliers prennent cela pour de la paresse). Les chevaux sont souvent obligés de réagir de cette façon et ils bloquent alors leur tête, leur cou et les mouvements du dos. Cela crée une allure guindée et s'avère inconfortable pour le cheval, limitant ainsi son potentiel.

C'est en améliorant vos sensations que vous parviendrez à reconnaître les symptômes du raidissement du cheval. Souvent, la tension du cheval résulte de celle du cavalier ; il faut donc briser ce cercle vicieux. Tout d'abord, contrôlez votre attitude. Pour vous décontracter, prenez le temps de ressentir le support vertical du dos du cheval à travers tout votre corps.

Développer une bonne position en mouvement

La plupart des cavaliers non entraînés s'assoient à cheval comme s'ils étaient sur une chaise, leurs jambes en avant de la verticale. Malheureusement, cela place le cavalier à contretemps.

Pour vous aider à placer les jambes sous votre corps (vous permettant alors de suivre les mouvements du cheval), effectuez l'exercice ci-contre, d'abord au pas. Lorsque vous êtes allongé sur le cheval, relâchez votre cou et votre bassin. Conservez cette position jusqu'à vous laisser complètement aller. Demandez à un ami de faire marcher le cheval au pas et essayez de ressentir les différents mouvements.

Les illustrations de la page 19 sont destinées à vous aider à vous tenir droit, sans pression ni tension. Si vous vous asseyez en bombant le torse (comme un militaire), cela creusera immédiatement le bas de votre dos et vous ne pourrez pas absorber les mouvements du cheval. Si vous avez tendance à vous tenir de cette façon, utilisez les indications des figures de la page de

Exercice au pas pour améliorer la position des jambes

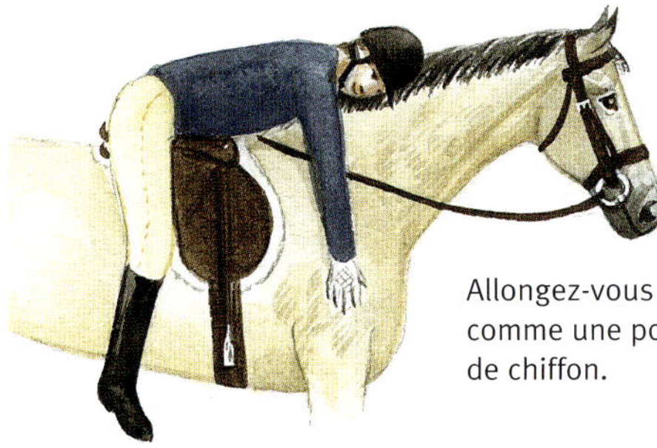

Allongez-vous sur le cheval comme une poupée de chiffon.

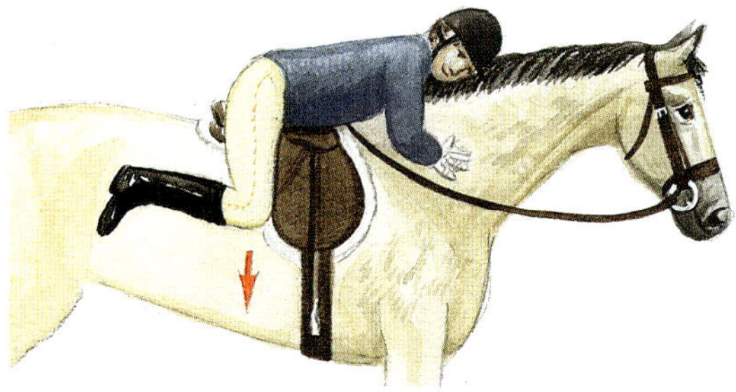

▲ Pliez vos jambes en arrière et redressez-vous avec vos mains. Vous serez surpris de la distance à effectuer par vos mollets pour que vos genoux soient face au sol.

▼ Lorsque vos cuisses sont plus souples et verticales, dirigez les talons et la plante de vos pieds vers le sol.

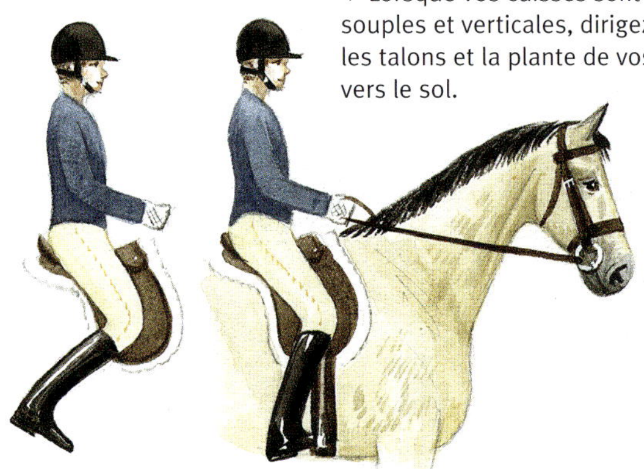

droite (en haut) pour acquérir une position naturelle, plus confortable et élégante. En revanche, si vous avez tendance à vous tenir voûté et à regarder vers le bas, ces indications vous aideront à ouvrir votre buste pour vous tenir droit. La courbe de votre dos se redressera.

Un « truc » amusant pour être élégant et droit

Une bonne façon pour vous redresser sans être tendu est d'imaginer qu'il y a un gros ballon entre vous et votre monture. Pour vous aider à mieux comprendre ce concept, faites l'exercice suivant : placez vos mains devant vous, les paumes vers l'intérieur, écartées de la largeur de vos épaules. Imaginez que vous tenez un gros ballon. Tapotez-le doucement. Est-ce que vous sentez cette résistance, comme s'il y avait des aimants entre vos mains ? Imaginez ensuite que votre main gauche est le cou du cheval et que votre main droite est votre dos. Conservez cette distance entre vous et le cheval en vous aidant de cette image. Cela aide grandement à rester élégant et à garder une bonne position sans tension. Demandez à un ami de commenter votre position afin de vous assurer que vous n'êtes pas penché trop en avant (cheval au-dessus de la main), ni trop en arrière (sous la main et creusant le dos du cheval), mais que vous êtes à la verticale, votre tête bien posée en haut de votre colonne : sur la main.

Voûté **Trop raide**

▲ Pour corriger une position voûtée, votre poitrine doit se gonfler et votre dos s'enfoncer.
Pour corriger une position trop cambrée, c'est l'inverse.

◄ ▲ Pour empêcher votre buste de pencher en avant, imaginez qu'il y a un gros ballon entre vous et le cheval. Respectez l'espace créé par ce ballon, cela empêchera également votre monture de passer au-dessous de la main.

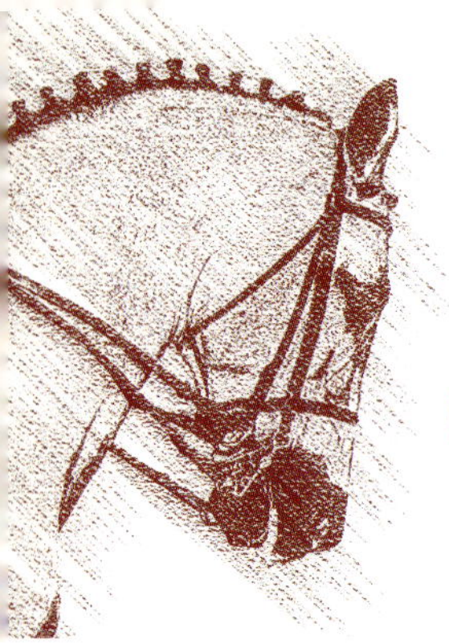

Au trot enlevé

Le trot enlevé est intéressant car pour rester dans le mouvement, il faut un bon équilibre, ouvrir l'articulation de la hanche, bien allonger l'arrière de la jambe jusqu'au talon et bomber le torse. Pour ceux d'entre nous qui sommes sédentaires, cela n'est pas facile parce que la plupart du temps nous sommes assis, le dos voûté. Cela affaiblit et rétrécit l'avant de notre buste. Faites l'exercice de yoga décrit ci-contre pour tonifier et renforcer ces muscles.

S'équilibrer à l'arrêt

Entraînez-vous tout d'abord au trot enlevé en restant à l'arrêt, en demandant à un ami de vous aider. Au début, vous pouvez utiliser une bride du cheval pour vous équilibrer et vous empêcher de tomber vers l'arrière et de taper le dos de votre monture. Levez-vous dans vos étriers et pliez les genoux sous vos hanches pour vous équilibrer. Vous serez peut-être surpris de la position en arrière que doivent prendre vos mollets et vos pieds afin de vous soutenir. Votre souplesse et votre ouverture augmentant, vos mollets reprendront une place plus conventionnelle.

▲ Pratiquez cet exercice afin d'ouvrir votre poitrine et vos hanches.

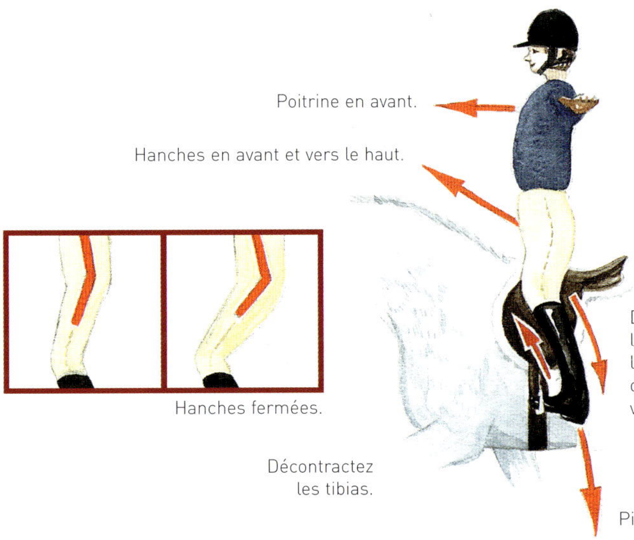

▲ Exercice pour ouvrir l'angle des hanches pendant le trot enlevé.

▲ Pour éviter de raccourcir le cou du cheval, imaginez que vous êtes à la base d'une vague formée par ses cervicales se déroulant vers l'avant.

S'équilibrer au pas

Tenez les rênes et demandez à un ami de vous guider. Lorsque vous êtes équilibré dans le mouvement, prenez pendant quelques pas la position du trot enlevé (mais en étant toujours au pas). Laissez votre corps s'organiser et trouver le point d'équilibre qui vous aidera à conserver les hanches ouvertes, les genoux descendus et les mollets reculés. Imaginez que vous vous agenouillez sur le sol en vous levant. Laissez votre genou glisser le long de la selle à chaque mouvement vers le haut. Le bas de votre abdomen doit être en avant et vers le haut, la poitrine en avant également. Étirez-vous depuis le pubis jusqu'au menton.

S'équilibrer au trot

Lorsque vous savez vous levez et vous asseoir au pas, passez au trot. Vous aurez peut-être tout d'abord la sensation d'être en arrière du mouvement ; vous devrez donc utiliser les rênes. Ne trottez que lentement et pour quelques enjambées seulement. Vous devrez peut-être avancer vos mollets. Dans ce cas, recommencez l'exercice depuis le début. Servez-vous de l'idée du ballon pour garder votre torse bombé. En montant, levez la tête et enfoncez les pieds vers le sol. Une décontraction accrue depuis le fessier jusqu'aux talons permet d'allonger tout l'arrière de la jambe et place vos mollets dans la bonne position. Faites attention à ne pas trop bomber la poitrine, car cela creusera le bas de votre dos.

Lorsque vous êtes plus habitué au trot enlevé, essayez cet exercice : changez de diagonale en l'air. Pour cela, vous devez vous tenir debout pendant deux temps au lieu d'un. Si vous êtes à contre-temps, vous tomberez en arrière, et si vous êtes trop en avant, vous tomberez en avant. Entraînez-vous jusqu'à pouvoir changer de diagonale en l'air tout en conservant parfaitement votre équilibre.

Au-dessus de la main (cheval et cavalier)

- Le dos du cavalier est creux, de même que le dos du cheval derrière la selle.
- Les hanches du cavalier et du cheval sont raides.
- Les chevilles et les jambes sont contractées et réduisent le relèvement.
- Foulées courtes.

Sur la main (cheval et cavalier)

- Hanches libres – longues foulées souples.
- Liberté des chevilles du cavalier et des jambes du cheval pour augmenter le relèvement.
- Foulées plus grandes.

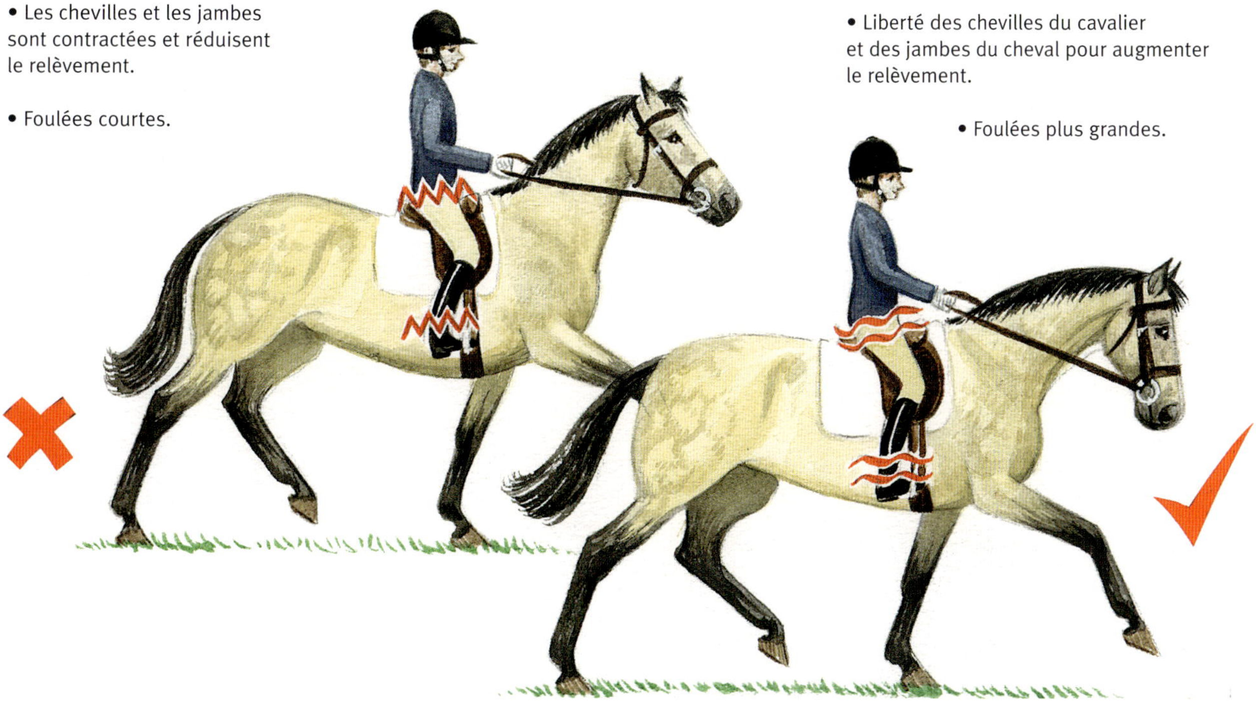

Au trot assis

Si le cheval se creuse

On voit souvent le trot assis pratiqué sans fin, le cheval et son cavalier passant des heures à la longe, l'un et l'autre de plus en plus amers et raides. Le cheval se creuse et il est au-dessus de la main. Cela ne devrait pas se passer de cette façon. Si le cheval se creuse, c'est mauvais et cela peut le blesser. Il faut plutôt essayer de savoir pourquoi il se creuse. Peut-être le serrez-vous trop : il ne peut donc pas étendre complètement son dos. Ou peut-être est-il anxieux ? Sa selle ne lui va peut-être pas (elles sont bien souvent trop serrées), ou son dos n'a pas assez de liberté pour offrir la souplesse et la tonicité nécessaires pour supporter votre poids.

Quelques solutions

Observez les illustrations ci-dessous. Remarquez les différents profils du dos et du ventre de ces deux chevaux. Le dos du premier est creux, ses muscles abdominaux, insuffisants, ne sont pas toniques (la même chose peut se produire chez les humains). Comparez maintenant avec le second : son dos est droit et ses muscles abdominaux (son ventre) travaillent correctement.

Pratiquer le galop assis est inutile, si votre cheval travaille comme sur la figure de gauche. Vous devez alors vous lever pour faciliter le travail du dos du cheval et lui permettre de le renforcer.

Notez également, sur le cheval au dos voûté (figure de droite), l'angle d'ouverture sous l'encolure. Cet espace est très

▼ Ce cheval a un dos faible et raide. Pratiquer le trot assis sur un cheval dans cette situation peut être dangereux et s'avère inutile.

▼ Ce cheval travaille pour allonger et renforcer son dos. Remarquez comme le dos est relevé : les muscles abdominaux travaillent et ses naseaux se situent sur une ligne verticale.

important parce que plus le dessous de sa colonne s'allonge, plus le haut de la silhouette peut s'étirer et se relever, et les antérieurs s'engager, donnant plus d'élévation et de grâce.

Lorsque la bonne silhouette est atteinte, le cheval ne présente plus de résistance, les mouvements d'école et les transitions permettront de mieux engager l'avant-main, transférant ainsi le poids sur l'arrière, l'avant-main s'allégeant et se relevant.

La position idéale

Au trot assis servez-vous des mêmes indications de position du corps qu'à la page 14. Laissez votre corps bouger avec le cheval et recevoir autant de soutien vertical que vous faites supporter de poids à la monture. Vérifiez les points suivants :

- Votre tête est-elle dégagée vers le haut ?
- Vos hanches sont-elles toniques et s'ouvrent-elles en fonction des mouvements du cheval ?
- Vos articulations sont-elles ouvertes afin d'absorber les mouvements ?
- Utilisez-vous l'idée du gros ballon pour vous aider ?

Faites descendre le poids de vos hanches et de vos jambes vers le sol ; collez-les à votre cheval et laissez-les suivre les mouvements de son thorax, tandis que votre buste s'ouvre et vous donne un maintien.

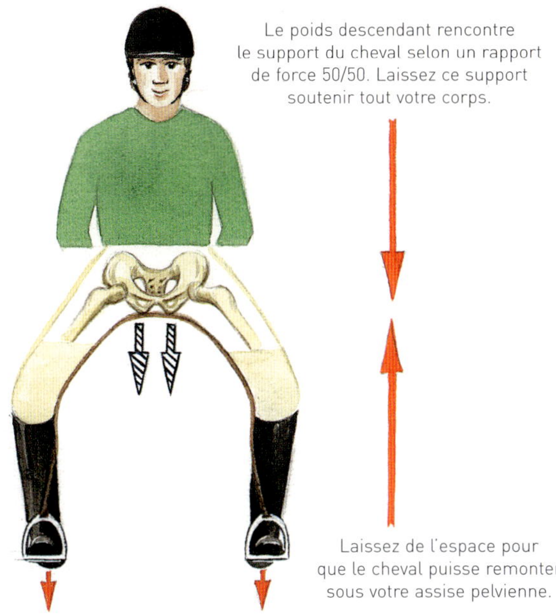

Instructions pour une bonne position au trot assis

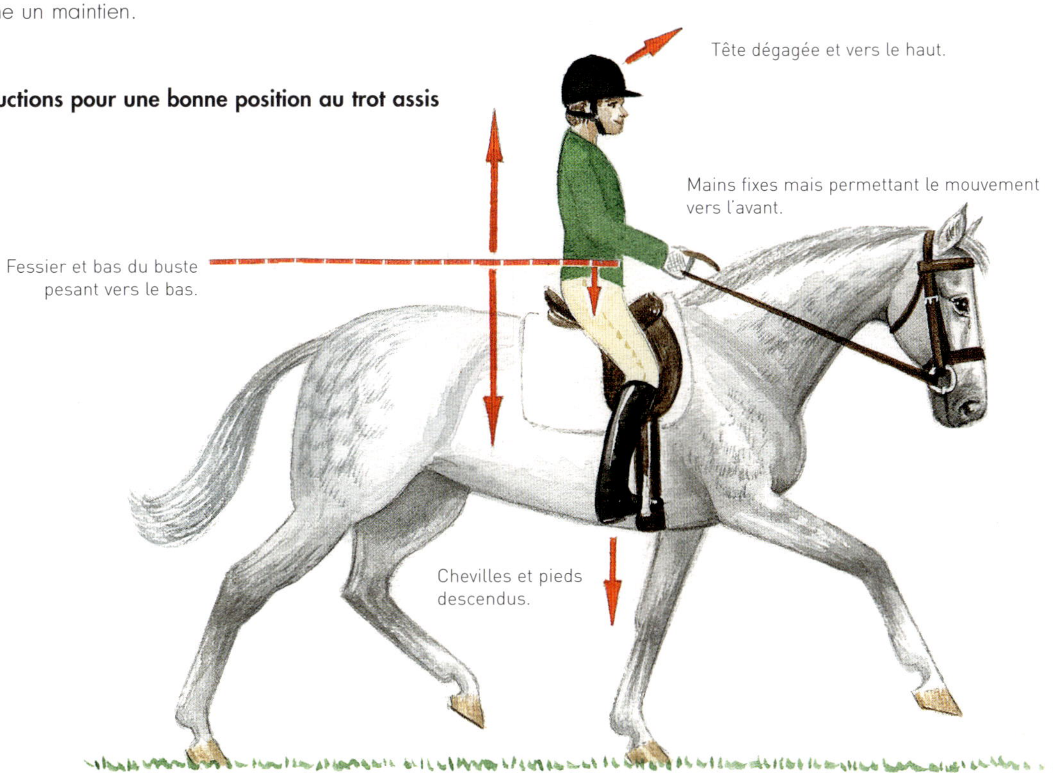

Au galop

Le galop est une allure à trois temps avec un moment en suspension lorsque les quatre sabots du cheval sont en l'air. À cette allure, il est primordial de laisser le cheval basculer votre bassin d'avant en arrière tout en gardant le bas du dos et les hanches libres. Vos jambes sont descendues et vote fessier décontracté, vos genoux et vos chevilles sont souples et votre thorax flotte.

Le mouvement de bascule

Comme l'illustre la figure ci-dessous, avec le cheval à bascule au galop, le dos du cheval oblique vers le bas. C'est à ce moment-là qu'il faut relâcher l'avant de votre corps et le laisser s'étendre comme un élastique ; en fait, vous vous abandonnez au cheval. Servez-vous de l'image du gros ballon pour vous soutenir. Laissez les articulations de vos hanches s'ouvrir, ouvrez vos genoux et descendez vos jambes, tout en conservant une position verticale et en ayant l'impression d'être sur le sol avec un cheval entre les jambes. Vous êtes à ce moment sur l'avant de votre fessier.

Le cheval vous ramène alors vers le haut, sur l'arrière du fessier, vous obligeant à fermer les articulations des hanches. Vos fesses doivent s'écarter pour permettre au dos du cheval de remonter.

Le mouvement du cheval au galop doit automatiquement fermer et ouvrir vos hanches et donner un mouvement de bascule à votre bassin. Tout ce que vous avez à faire est de laisser travailler le cheval. Vous devez sentir l'avant, le milieu et l'arrière de la selle. Si vous brimez les mouvements du cheval lorsqu'il ramène ses postérieurs, vous bloquerez son mouvement et donc l'engagement de ses postérieurs.

Ouverture de l'articulation des hanches

Remarque : au galop, afin de conserver le mouvement, vous devez ouvrir et fermer l'articulation de vos hanches.

Tandis que l'avant du cheval s'incline vers le bas, laissez aller le bas de votre buste et ouvrez vos hanches. Pour vous aider à conserver cette attitude, souvenez-vous de l'image du gros ballon.

Inspirez par le nez lorsque le cheval redescend. Lorsqu'il monte, expirez. Souvenez-vous qu'il existe un rapport 50/50 entre le poids de votre corps et le soutien du cheval. Asseyez-vous et laissez le cheval faire le travail.

Afin de développer l'efficacité des jambes au galop, imaginez que vous avez de grands pieds palmés, comme les canards. Vos orteils s'allongent et s'élargissent, la plante de vos pieds s'étale jusqu'au sol en passant par les étriers.

Étirement au galop sur une rêne longue

Faites cet exercice d'abord sur la rêne gauche, au galop. Prenez les rênes dans la main droite. Tendez le bras gauche en l'air, le bout des doigts pointés vers le ciel. Quand vous sentez le cheval s'écarter de vous et aller vers le sol, inspirez et accrochez-vous au bout de vos doigts, en ouvrant l'articulation de vos hanches. Le cheval vous soutient quand votre corps prend appui sur lui. Expirez tout en continuant à vous suspendre au bout de vos doigts. Le corps du cheval remonte vers vous, les articulations de vos hanches se ferment. Faites la même chose avec la main et la rêne opposées.

▲ Pour empêcher de vous accrocher, décontractez les genoux et faites comme si vous touchiez le sol avec de grands pieds palmés lorsque le cheval galope. Cela étirera vos jambes et augmentera leur efficacité.

Fermeture de l'articulation de la hanche au galop

Quand le cheval remonte, vos hanches se ferment automatiquement, si vous vous laissez faire.

Trucs et astuces

Résoudre les problèmes des courbes

Lorsqu'un cheval est équilibré, son poids est également réparti sur ses quatre jambes.

Lorsqu'il se décale dans un virage ou dans un cercle, le poids de son corps se porte sur ses membres intérieurs. Cette situation est comparable à une bicyclette qui s'incline. Pour la redresser, vous devez appuyer sur la pédale extérieure. C'est la même chose à cheval. Si vous appuyez plus sur l'étrier extérieur quand votre monture se couche dans un virage, vous lui permettrez de redistribuer son poids sur ses quatre membres.

Le même phénomène se produit lorsque le cheval se décale sur l'extérieur. Dans ce cas, il s'appuie plus sur ses membres extérieurs, et pour le ramener à l'intérieur et le rééquilibrer, il faut augmenter votre appui sur l'étrier intérieur.

En conclusion

Vous vous rendez peut-être maintenant compte qu'auparavant, vous empêchiez votre cheval d'utiliser son corps au maximum et d'être aisément et volontairement sur la main. Ce chapitre vous permet d'établir un échange avec votre cheval, au sein duquel vous partagez équitablement les rôles de professeur et d'élève.

Virage couché

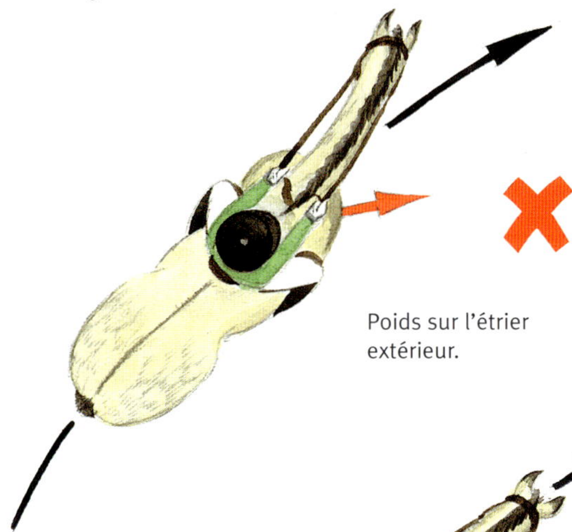

Poids sur l'étrier extérieur.

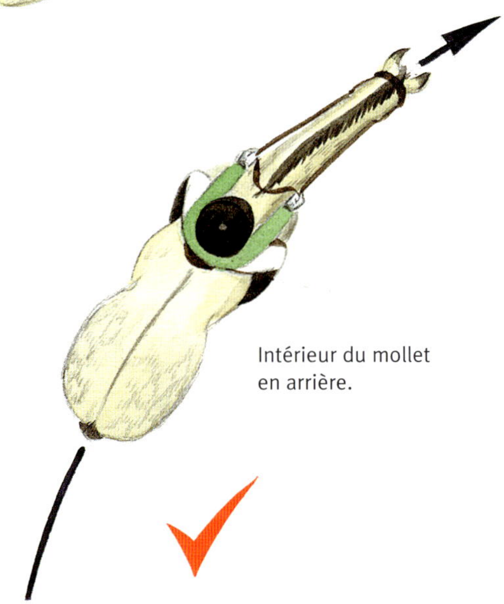

Intérieur du mollet en arrière.

Souvent, sur un virage, le cheval a tendance à mettre son poids sur un côté.
Pour le rééquilibrer, appuyez sur l'étrier opposé. S'il se couche dans le virage, vous appuyez sur l'étrier externe, et s'il se décale vers l'extérieur, appuyez sur l'étrier interne.

Les aides du cavalier

Les aides sont des signaux que le cavalier utilise pour communiquer avec le cheval et lui dire ce qu'il doit faire. Elles constituent un langage fait de contacts et de sensations. Lorsque le cheval est bien dressé, ces aides deviennent plus fines, plus complexes et plus subtiles, contrairement aux aides de base, qui sont simples et faciles à comprendre.

L'art de bien monter à cheval a évolué au cours des siècles et différents systèmes d'aides se sont mis en place. Tous les systèmes classiques se sont développés dans les grandes écoles européennes.

En pratique, le système de signaux employé importe peu tant que le cavalier l'utilise de façon logique.

Le cavalier confirmé comprend les différents systèmes, car il peut être appelé à monter des chevaux dressés selon diverses méthodes. Le cavalier débutant cherche uniquement à se faire comprendre et ne s'encombre pas d'aides complexes ; il se contente d'utiliser les aides les plus simples.

Les problèmes apparaissent lorsque différents systèmes d'aides sont utilisés en même temps.

C'est pourquoi il est nécessaire que le cavalier sache exactement comment il veut communiquer avec son cheval.

C'est avec des aides claires et logiques que le cheval apprendra vite à comprendre les désirs de son cavalier.

Comprendre le cheval

Pendant des milliers d'année, le cheval fut un animal sauvage et libre, qui vivait en troupeaux. Sa rapidité, son odorat, son ouïe ainsi que sa vue le protégeaient des prédateurs carnivores.

Un animal confiant

Le cheval n'est pas un animal agressif, et s'il peut parfois apparaître comme tel, c'est uniquement lorsqu'il cherche à se défendre. Les cavaliers ont compris qu'il était facile de gagner la confiance des chevaux avec de la gentillesse et qu'il était alors possible de tout leur demander. Par contre, si cette confiance est détruite, si par exemple le cavalier oblige sa monture à sauter des obstacles trop élevés ou qui l'effraient, il faudra beaucoup de temps pour regagner sa confiance.

Une mémoire infaillible

Malgré son apparence, le cheval n'est pas un animal très intelligent. Il possède cependant une remarquable mémoire qui lui permet de se souvenir des situations et de les associer avec le plaisir et les récompenses, ou avec la peur et la douleur. C'est notre connaissance et notre compréhension de la mémoire du cheval qui nous ont permis de le dresser.

Cependant, les cavaliers oublient trop souvent que le cheval doit apprendre à comprendre leurs aides. Pour lui, il n'est pas naturel de s'arrêter lorsque les rênes sont retenues en arrière ou d'avancer lorsque l'on resserre les mollets. C'est même presque le contraire. S'il peut se montrer paresseux et désobéissant, le cheval apprend à obéir au cavalier qui insiste fermement pour qu'il respecte ses ordres et le récompense en conséquence. Si le cheval répond vite et bien, le cavalier le récompense avec un mot gentil ou une caresse. À l'inverse, il est important de sanctionner une absence de réponse.

La sensibilité du cheval

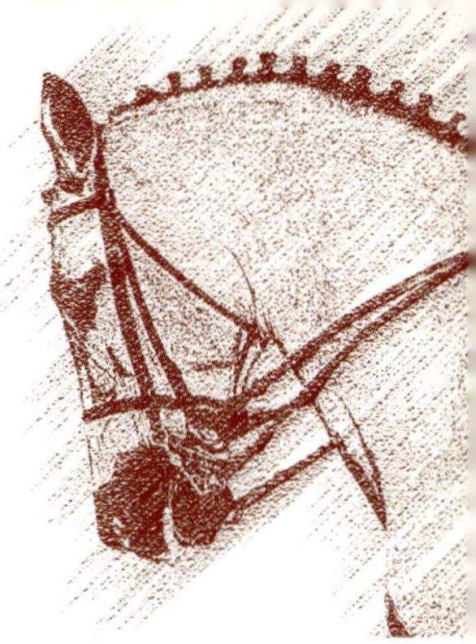

Certaines parties du corps du cheval sont particulièrement sensibles et peuvent être facilement atteintes par le cavalier lorsqu'il est en selle.

▲ Zones sensibles du cheval que le cavalier doit connaître. Elles impliquent le contact, l'ouïe et la vue.

Les zones sensibles

La zone la plus sensible est sans doute celle située juste au niveau des talons du cavalier. Elle s'étend jusque sous le ventre du cheval et derrière la jambe du cavalier. Le flanc est une partie également très sensible, mais elle ne peut être atteinte qu'avec la cravache du cavalier. La zone située sous la selle peut ressentir le moindre changement de pression, et lorsque le cavalier déplace son poids, cela influence le cheval. Les lèvres et les naseaux sont extrêmement sensibles et la douleur peut être particulièrement vive, si les rênes ou le mors sont utilisés brutalement.

Les oreilles du cheval sont attentives à la voix du cavalier et l'on peut déterminer son humeur selon la position de ses oreilles.

Le cheval aime beaucoup qu'on lui caresse le garrot. Il est courant d'apercevoir dans les champs deux chevaux se grattant cette zone avec leurs dents, pour leur plus grand plaisir.

Une utilisation bien dosée

De la même façon que les chevaux acceptent rapidement la charge d'un cavalier sur leur dos, ils s'habituent très vite à celui qui tire sans cesse sur les rênes ou lui donne trop de coups de jambe. Ils préfèrent alors l'ignorer. Même si de nombreux cavaliers se plaignent du manque de réceptivité de leur cheval, il suffit d'observer sa réaction lorsqu'une mouche se pose sur lui pour se rendre compte de son extrême sensibilité. Ce sont les cavaliers qui insensibilisent les chevaux en utilisant des aides inopportunes et incessantes. Les chevaux parviennent vite à supporter un haut degré d'inconfort.

► De nombreux signaux différents et trop souvent répétés sèment la confusion dans l'esprit du cheval, qui finit par les ignorer.

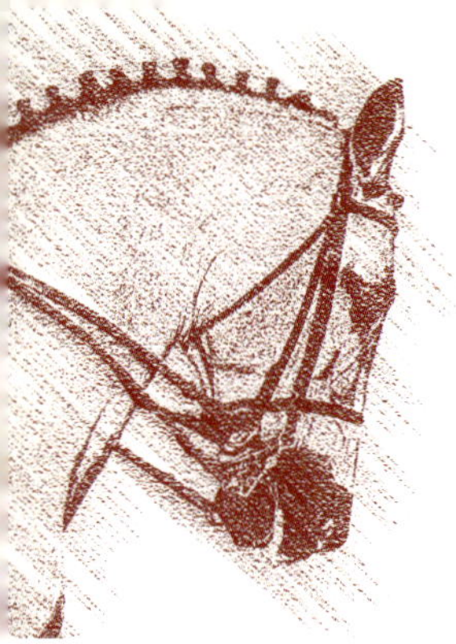

La position du cavalier

Le cavalier donne des signaux (il fournit des aides) au cheval, principalement avec ses mollets, ses mains et le poids de son corps. Il utilise également sa voix, et parfois une cravache et des éperons.

Une bonne assiette

Il sera difficile au débutant de donner des signaux clairs s'il est déséquilibré. La priorité dans l'apprentissage de l'équitation est donc d'avoir une bonne assiette. Il faut que le cavalier soit assis au milieu de la partie la plus profonde de la selle, son corps droit et son poids équitablement réparti sur ses fesses. Vu de derrière et à l'arrêt, une ligne verticale imaginaire doit pouvoir être tracée en suivant la colonne vertébrale du cavalier et, dans le prolongement, la colonne du cheval et sa queue. Les pieds, les hanches et les épaules du cavalier sont symétriques. Vu de côté, la ligne verticale imaginaire doit passer par l'oreille du cavalier, son épaule, sa hanche et son talon.

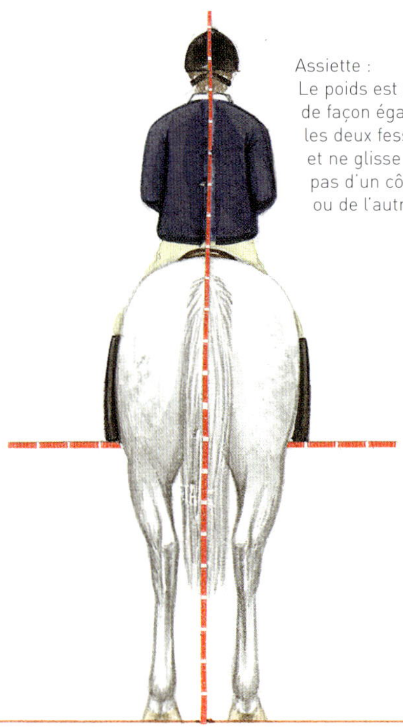

Assiette équilibrée

Les aides du cavalier

Absorber les mouvements du cheval

Les mouvements du cheval font bouger le corps du cavalier de façon inverse. Si le cavalier tente de se tenir avec les jambes ou s'il se raidit, le cheval recevra beaucoup de signaux involontaires, principalement au niveau des rênes. Le cavalier doit absorber les mouvements du cheval avec le dos et les hanches. S'il se raidit, sa position en selle deviendra alors très inconfortable.

Il est fort compréhensible que les chevaux montés par beaucoup de débutants tendent à ignorer les coups de talons, les mouvements en avant ou en arrière ainsi que les variations de poids.

Il est nécessaire que les cavaliers apprennent à contrôler certains muscles. La force physique est en fait peu utilisée.

Un cavalier qui a une bonne assiette rencontrera peu de difficultés en équitation.

À l'arrêt

Le cavalier se tient dans la partie la plus creuse de la selle, le poids de son corps également réparti entre les deux fesses. Le buste du cavalier est droit et n'est pas plié à la taille. L'oreille, l'épaule, la hanche et le talon forment une ligne verticale. Sa cuisse repose sans lourdeur contre la selle, portant ainsi le poids de la jambe sur la plante du pied et permettant au cavalier de se maintenir dans les étriers de façon naturelle, sans être forcée. Le mollet touche les flancs du cheval avec le talon, sous le niveau de la plante des pieds.

▲ Le cavalier met son poids, par l'intermédiaire de ses genoux, sur les étriers. Il est équilibré et parvient à tenir les rênes sans donner d'à-coups.

Aux différentes allures

Au pas, le cavalier suit les mouvements du cheval de façon harmonieuse en se servant de son ventre, qui va d'avant en arrière. Au trot, le cavalier peut soit rester assis en selle en absorbant les mouvements du cheval de la même façon qu'au pas, soit se lever.

Au trot enlevé, le cavalier sort de la selle au premier temps du trot, en se levant à moitié dans les étriers, puis se rabaisse au deuxième temps. Cette position est considérée comme plus confortable pour le cavalier comme pour le cheval. Cependant, le trot assis permet de mieux contrôler le cheval. Au petit galop, le cavalier reste assis et son tronc avance et recule sans se plier à la taille. L'articulation de sa hanche reste souple afin de ne pas donner d'à-coups non contrôlés. En saut d'obstacles et au galop, le cavalier se penche en avant afin de se placer en équilibre hors de la selle.

◀ Un débutant, déséquilibré et à contretemps, est incapable de contrôler les mouvements de ses mains car il ne contrôle pas son corps.

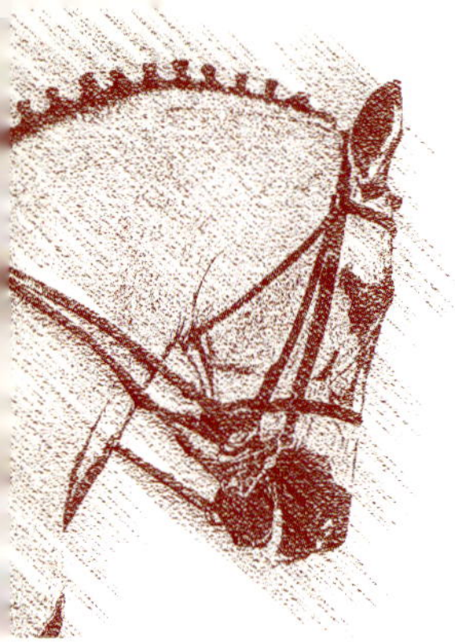

La position des mains et des jambes

Les mains sont toujours tenues de façon à former une ligne droite depuis le coude du cavalier jusqu'à la bouche du cheval.

Le cheval bouge la tête d'avant en arrière, mais les mains du cavalier ne doivent pas relâcher leur contact avec la bouche du cheval. Il faut donc accompagner le mouvement avec le coude et l'articulation de l'épaule.

- Les actions des mains se font en fermant les doigts.
- Le mollet du cavalier touche le flanc du cheval de façon légère et constante.
- Les jambes descendent naturellement le long de la sangle, ou parfois en arrière de celle-ci.
- La pointe du pied est toujours tournée vers le haut.

▼ Le mollet, qu'il se trouve derrière la sangle ou dans sa position normale, peut agir par pressions soutenues vers l'intérieur ou donner un petit coup.

Position des jambes

Tenir les rênes

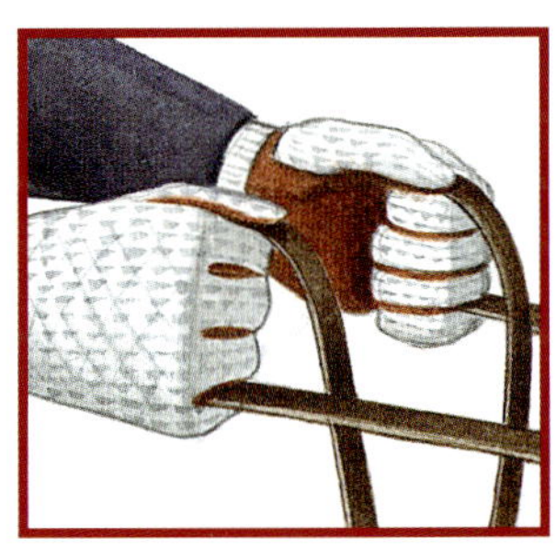

► Les rênes passent sous l'auriculaire, et ressortent entre l'index et le pouce, les ongles repliés dans la paume de la main.

Le poids du corps

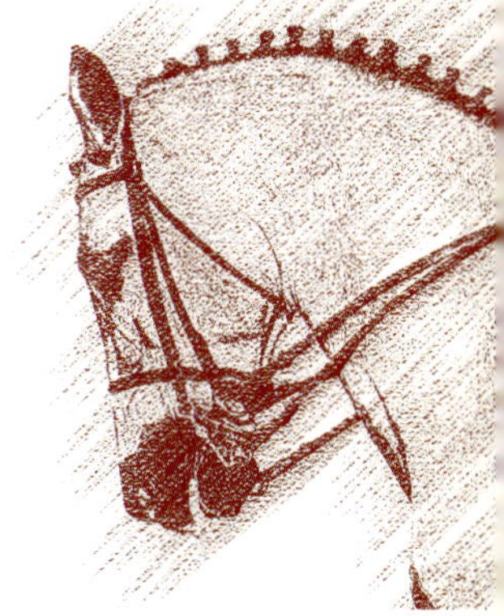

Le cavalier débutant doit faire très attention à bien s'asseoir au centre de la selle, le poids de son corps également réparti. Lorsque l'on a pris l'habitude de s'asseoir de travers, il est très difficile de se corriger. Un cavalier mal assis fera aller son cheval de travers, car la monture se met d'elle-même sous le centre de gravité du cavalier pour le suivre. Les cavaliers mal assis donnent souvent l'impression que leurs étrivières ne sont pas de longueur égale. En fait, c'est parce qu'ils glissent d'un côté ou de l'autre et qu'ils mettent plus de poids dans un étrier ou dans l'autre.

La faute la plus courante est de glisser vers l'extérieur de la selle lorsque le cheval tourne ou fait une volte dans l'autre sens. Le cavalier baisse la hanche intérieure et met son poids dans l'étrier extérieur. Une autre erreur consiste à se pencher en avant. Le cavalier qui se penche toujours d'un côté en sautant fera sûrement sauter son cheval de travers. Cela peut tourner à l'avantage du cavalier si, une fois en l'air, il entame un virage dans la direction où il se penche.

Saut d'obstacle

Mauvaises répartitions du poids en tournant à droite

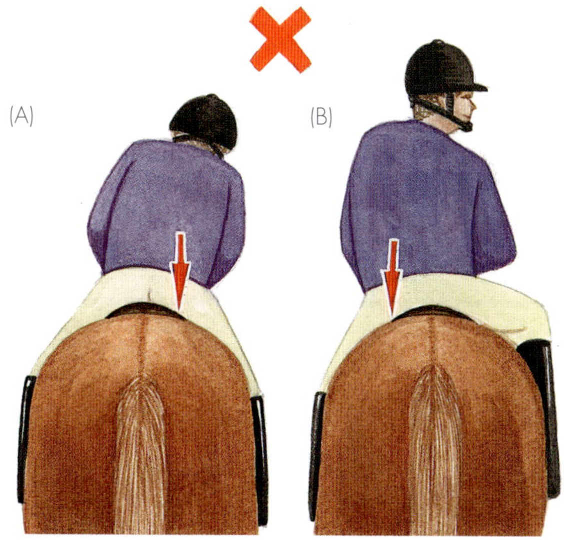

▲ (A) Déséquilibre du cheval en se penchant en avant et à l'intérieur. (B) Balancement de la hanche droite et glissement vers l'extérieur de la selle.

Un bon cavalier sait utiliser le poids de son corps discrètement lorsque cela est nécessaire. Cela peut avoir une forte influence sur le cheval, particulièrement à un niveau d'équitation élevé. Le poids du corps est utilisé en poussant les hanches légèrement vers l'avant. Ce n'est qu'après avoir corrigé une mauvaise position qu'il est possible d'envisager l'utilisation du poids du corps. Le cavalier mal assis se paralyse lui-même et ne peut pas utiliser des aides équilibrées ; il paralyse également son cheval qui devient raide et déséquilibré.

◀ Le cavalier a mis le poids de son corps sur la droite. Son cheval réagit en se préparant à se recevoir sur la bonne jambe pour opérer un virage à droite.

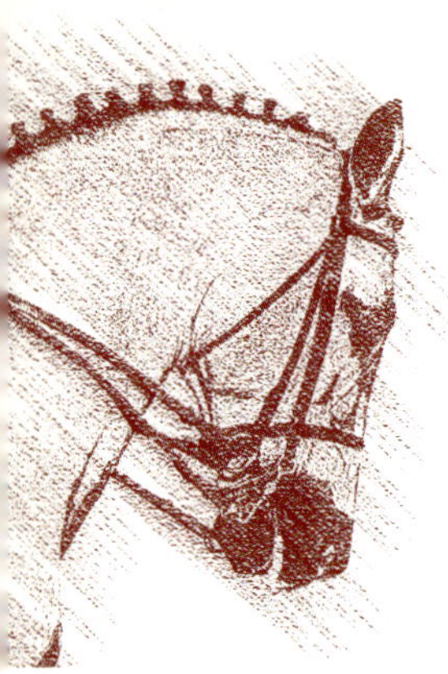

Les aides de base du débutant

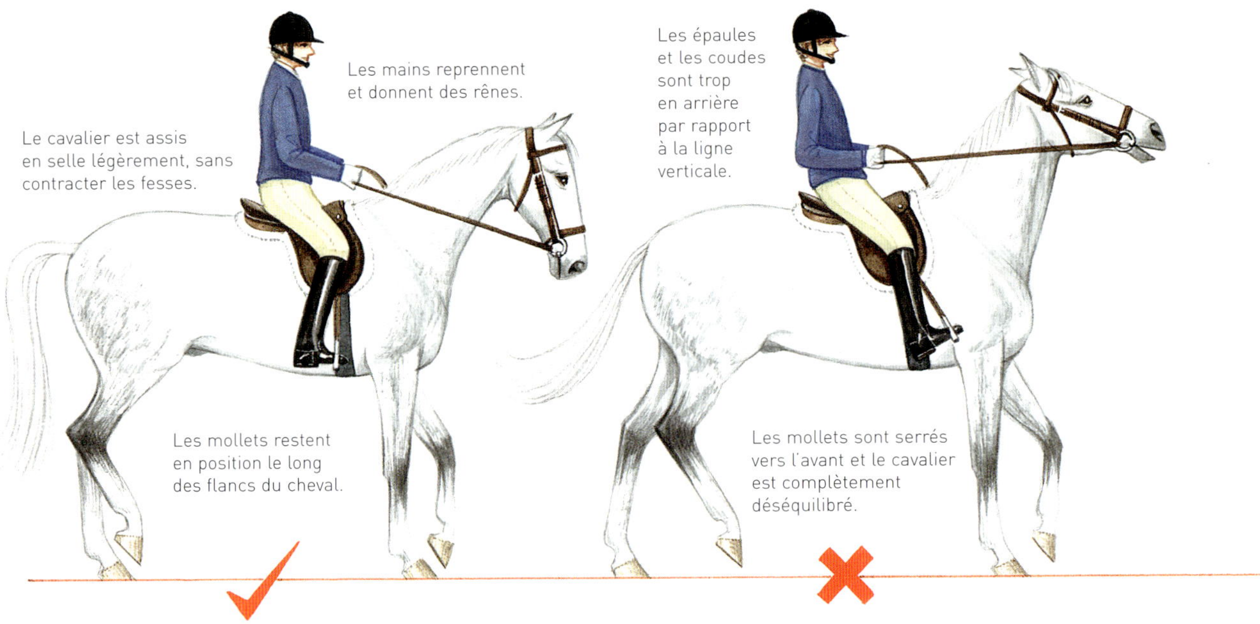

L'arrêt

Comment s'arrêter

La première chose qu'un débutant doit savoir est comment s'arrêter. Son corps doit être droit, ni trop en avant, ni trop en arrière. Ses mollets reposent contre les flancs du cheval sans le serrer ni l'agripper. Il reprend brièvement des rênes afin d'augmenter temporairement leur contact. Il devra peut-être répéter ce geste avant que le cheval comprenne. Au début, un « ho ! » peut être utile. En fait, les aides diffèrent selon les cavaliers et le cheval a donc besoin d'un certain temps d'adaptation.

Pour avancer au pas ou au trot

Le cavalier garde la même position des rênes et serre les jambes, à l'endroit où se trouvent ses mollets pour déclencher le mouvement vers l'avant. Il faut faire bien attention à ne pas être trop penché en avant car le contact sur les rênes est alors perdu et l'animal n'avancera pas. Lorsque le cheval réagit, attention à ne pas reprendre les rênes, tout en maintenant le contact.

Pour tourner

À gauche, le cavalier essaie de conserver une bonne assiette en répartissant son poids de façon égale sur ses deux fesses. Sa jambe gauche effectue une pression sans que le bout du pied ne tourne à l'extérieur et il serre la main gauche sur les rênes afin d'augmenter le contact. Lorsque le cheval commence à tourner, il s'incurve dans la direction où il va. Le cavalier fait attention à ne pas gêner ce mouvement en avançant la main droite. Cependant, il ne faut pas que la rêne droite devienne lâche ; le contact entre la main du cavalier et la bouche du cheval doit être maintenu. Si la rêne droite est trop relâchée, le cheval incurvera certes la tête à gauche, mais il continuera à aller tout droit.

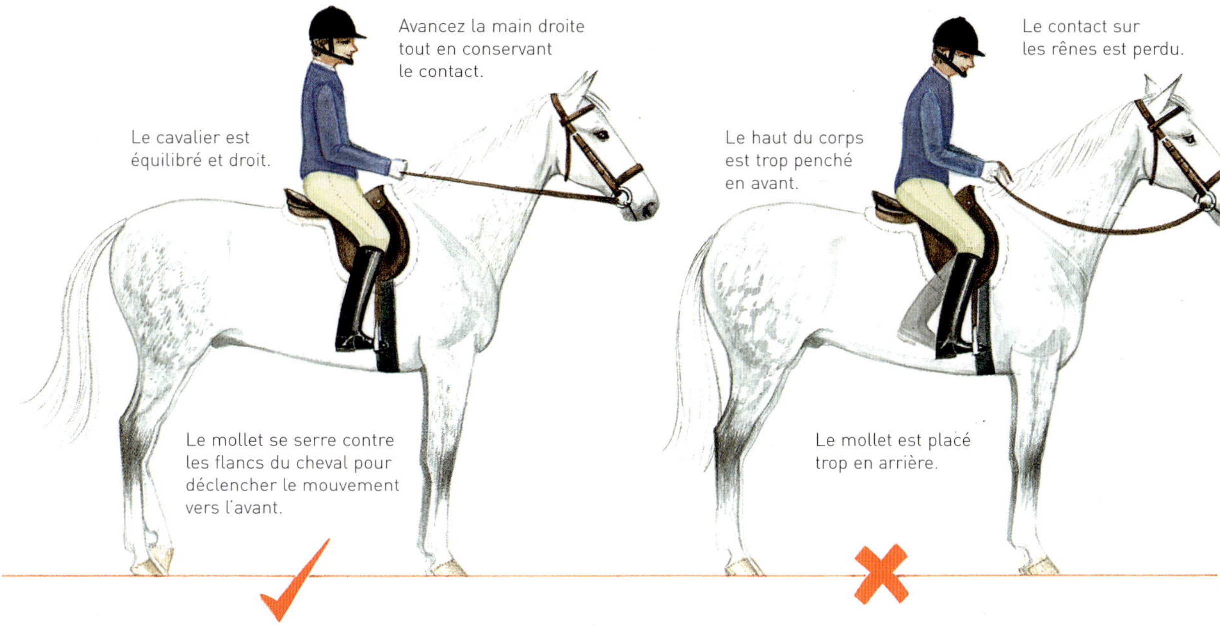

Avancer

► Correcte : Pour aller à gauche, le cavalier ferme les doigts sur la rêne gauche et serre sa jambe gauche.

► Incorrecte : Le cavalier est penché à l'intérieur et croise sa main droite sur le garrot du cheval.

Tourner

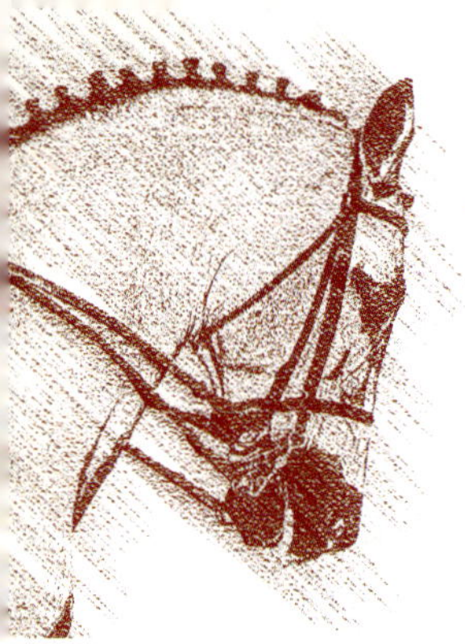

Les aides artificielles

Les éperons et la cravache figurent parmi les aides artificielles.

Les éperons

Les débutants, ni même les cavaliers novices, ne devraient jamais utiliser d'éperons, car s'ils perdent l'équilibre ou ne contrôlent plus leurs jambes, les éperons pourraient blesser le cheval. Placé de façon à ce que la plus longue des deux branches de métal soit à l'extérieur du pied, l'éperon doit pointer vers le bas. Il longe la couture de la botte, la boucle et le bout de la courroie se situant sur la partie externe du pied. Le bout de l'éperon est arrondi et doux pour éviter les blessures. Seule sa face interne est appliquée sur les flancs du cheval.

La cravache

Le cavalier novice peut en revanche utiliser sans danger la cravache. Les cravaches de dressage sont assez longues et peuvent toucher l'arrière de la jambe du cavalier sans que celui-ci lâche la rêne. Dans la pratique du saut d'obstacles, ce genre de cravache est néanmoins trop encombrant. Il convient donc d'en choisir une plus courte pour cette discipline. Pour s'en servir, il est nécessaire de lâcher la rêne.

La cravache ne sert pas à blesser le cheval, mais à le rappeler à l'ordre s'il ne répond pas aux jambes. Il est bien plus efficace de faire suivre une action des jambes à laquelle le cheval ne répond pas par un petit coup de cravache plutôt que d'insensibiliser les flancs de votre monture en lui donnant des coups de talons incessants.

La cravache peut indifféremment être tenue par les deux mains, mais il faut la changer de main si nécessaire. Par exemple, si le cheval ne répond pas à une jambe droite, il faut utiliser la cravache à main droite pour renforcer l'action de cette jambe.

▲ Un éperon correctement placé et utilisé. La face interne agit sur les flancs du cheval. Utilisés de cette façon, les éperons constituent une aide très fine.

▲ L'éperon pique directement le flanc du cheval car la pointe du pied du cavalier est dirigée vers l'extérieur, pouvant entraîner des blessures pour le cheval.

Changer la cravache de dressage de côté

▲ Les rênes sont tenues par la main de la cravache. Celle-ci se tourne alors de façon à ce que la cravache pointe vers le haut.

▲ La main libre saisit la cravache puis reprend les rênes. Un cavalier avisé caressera le cheval avant le changement de côté de la cravache pour le rassurer.

Changer la cravache d'obstacles de côté

▲ Les rênes sont tenues par la main de la cravache. La main libre vient alors tirer la cravache vers le haut puis récupère les rênes.

▲ Lorsqu'elle est tenue le bout en haut, la cravache a trop de puissance et constitue un danger pour le cavalier qui peut se blesser les yeux.

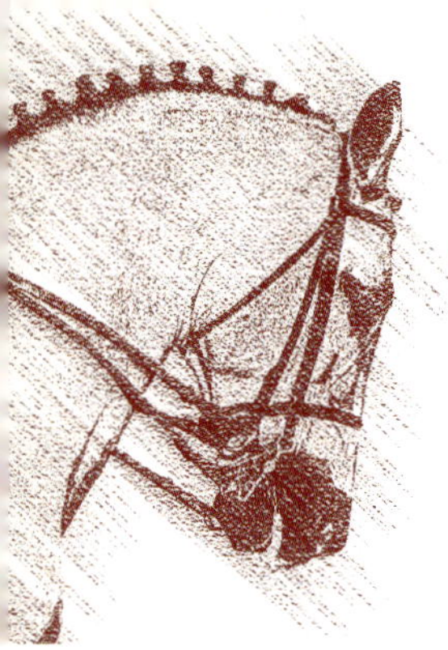

Développer des aides plus fines

Une fois que le départ, l'arrêt et les voltes ont été compris et effectués avec succès, il est temps que le cavalier approfondisse sa connaissance des aides. Cela n'est possible que lorsqu'il possède une assiette bien équilibrée. On doit sentir l'assurance du cavalier plutôt que sa force et sa rigidité. C'est lorsque le cavalier est confiant et assez à l'aise pour suivre harmonieusement les différentes allures du cheval qu'on peut penser à développer des aides plus fines.

Les mains doivent apprendre à agir indépendamment l'une de l'autre. Les jambes également, même si cela peut sembler difficile au début. Il existe deux façons d'utiliser les jambes :

- Par une action brève.
- Par une pression continue.

Les significations sont différentes selon l'endroit où agit la jambe :

- Pour une impulsion plus forte et un mouvement vers l'avant, la jambe appuie là où elle se trouve.
- Pour que le cheval tourne et s'incurve, la jambe appuie là où elle se trouve et maintient le contact avec les flancs du cheval.
- Appliquée un peu derrière la sangle de façon nette, l'aide indique un départ au galop.

◀ L'utilisation des jambes et des rênes ressemble un peu au piano : les mains apprennent à faire des choses différentes, de même que les pieds.

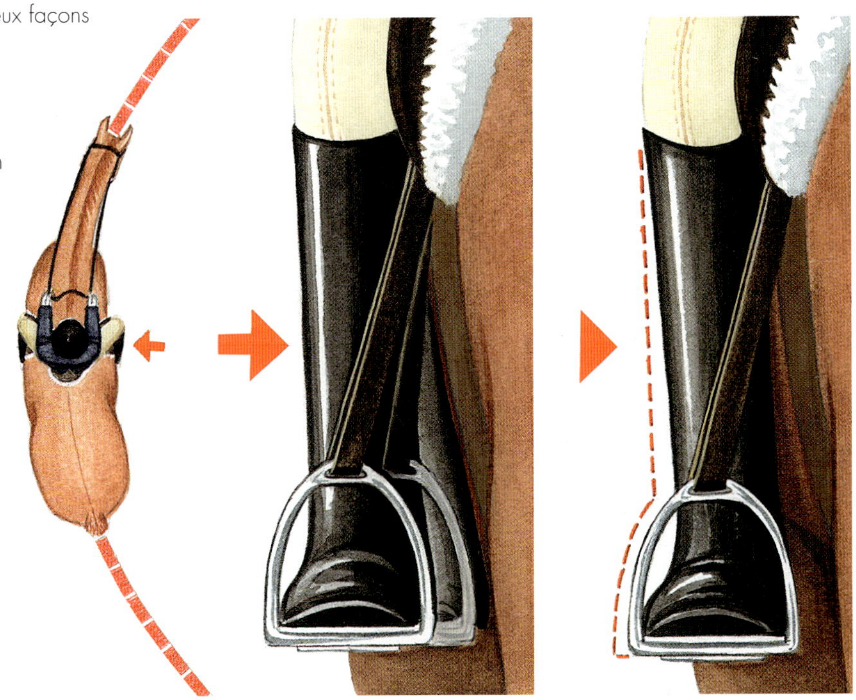

▶ Une action de la jambe, à l'endroit où celle-ci se trouve, demande au cheval une plus grande impulsion. Appliquée de façon continue, elle demande une incurvation.

• Appliquée encore plus loin derrière la sangle et de façon prolongée, l'aide permet de contrôler ou de déplacer l'arrière-main.

Il faut toujours maintenir un contact avec la bouche du cheval. Les actions de rênes sont constituées de mouvement de pression et de relâchement avec les mains sur une ou deux rênes.

Les mouvements de la tête du cheval reflètent les mouvements des mains. Au pas ou au galop, il y a beaucoup de gestes d'avant en arrière, alors qu'au trot, il y a peu de mouvements, et ils sont irréguliers. Le cheval s'incurve également vers la gauche ou vers la droite. De tels mouvements sont permis mais sans trop donner des rênes.

Même si les jambes et les mains sont toujours utilisées ensemble, il existe une règle d'or à ne pas oublier : « Les jambes avant les mains ».

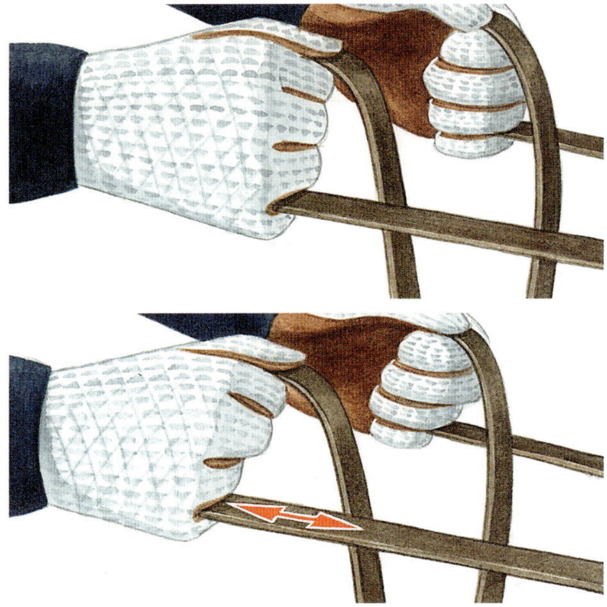

► Les rênes sont données ou reprises (pression des doigts). La main ne tire ou ne reste jamais en arrière.

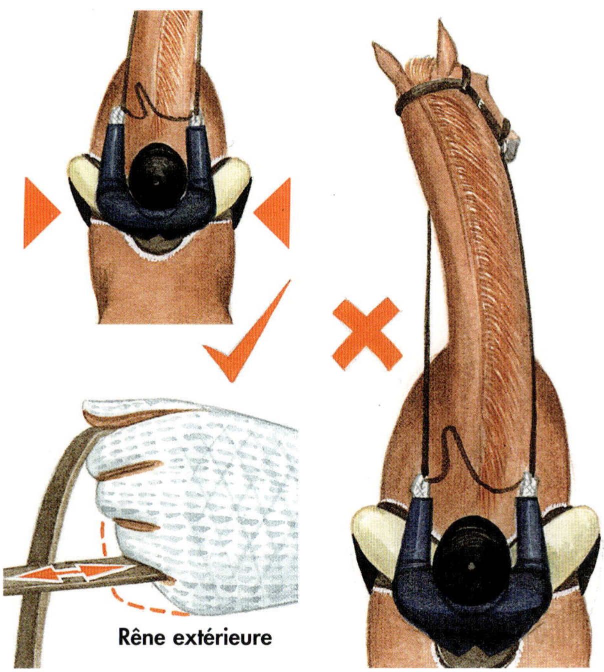

▲ La main extérieure contrôle la vitesse. Si vous fermez vos doigts sur la rêne extérieure, le cheval ne s'incurvera plus et pointera sa tête vers l'extérieur.

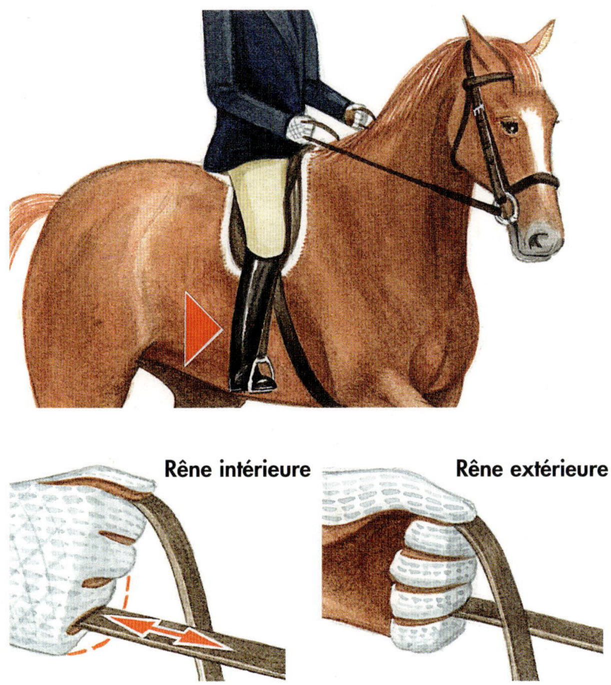

▲ La rêne intérieure, renforcée par la jambe intérieure sur la sangle, demande au cheval de s'incurver ou indique la direction d'un virage ou d'une volte.

La voix du cavalier

La voix humaine joue un rôle très important dans le dressage d'un cheval. Depuis ses premières rencontres avec les humains, celui-ci a en effet appris à interpréter différents tons et à les associer à l'heure du repas, au plaisir ou aux réprimandes.

Les commandes verbales

Le cheval apprend généralement à obéir : il vient quand on l'appelle et il réagit à l'ordre « stop ». Avec l'âge et le dressage à la longe, il commence à apprendre différents ordres, tels que « au pas, au trot, au galop, stop, sage » et « c'est bien ». Quand on commence à monter, les commandes verbales sont remplacées par des commandes physiques appelées des aides. Mais, pendant un certain temps, ces commandes verbales viennent renforcer les aides du cavalier et aident le cheval à comprendre ce que l'on veut de lui. Même à un haut niveau de dressage, l'usage de la voix peut lui faire plaisir, le calmer et l'apaiser, l'encourager ou le punir selon le ton employé.

► Un cheval attentif, qui écoute la voix du cavalier, mettra souvent ses oreilles en arrière, voire sur le côté.

Le ton de la voix

Le cheval comprend très vite l'humeur du cavalier et réagit à une intonation nerveuse ou agressive. Ainsi, le cavalier qui panique et se met à hurler lorsque son cheval est effrayé ne fera qu'augmenter la nervosité de celui-ci. Il vaut mieux le calmer avec des paroles apaisantes. Il est très important que le cheval sache s'il a bien réagi. Si le cavalier lui dit « c'est bien », cela fera plaisir au cheval et l'encouragera. Un grognement lui fera comprendre que ce n'est pas bien. Attention à bien utiliser le même mot avec les mêmes inflexions, car le cheval réagit au ton de la voix.

◄ Une tête relevée et des oreilles trop dressées sont des signes d'inattention de la part du cheval. Les jambes et la voix employées en même temps peuvent alors le remobiliser.

L'incurvation du cheval

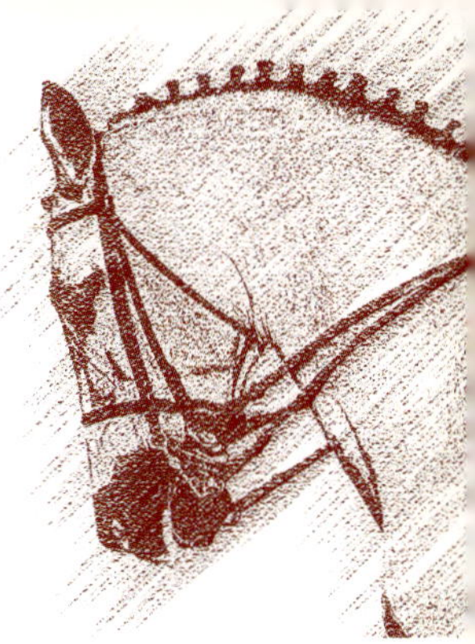

Définitions

Les références aux termes « intérieur » et « extérieur » doivent être parfaitement comprises.

Lorsqu'un cheval marche à main droite, le terme « intérieur » s'applique au côté droit du cheval et le terme « extérieur » à son côté gauche.

Le cavalier oriente le cheval vers l'intérieur, en lui faisant suivre la ligne de la courbe qu'il trace. S'il s'agit d'une grande volte, l'incurvation du cheval est très faible, alors qu'à l'inverse, s'il s'agit d'une petite volte, l'incurvation est très marquée. De même, le cheval s'incurve-t-il dans le sens du virage.

Utilisation de la rêne et de la jambe

La rêne ou la jambe intérieure ou extérieure sont des termes fréquemment employés et le cavalier doit les intégrer aussi parfaitement que les termes « gauche » ou « droite ». Lorsqu'un cheval s'oriente vers la droite, même s'il se trouve sur le grand côté droit du manège, on dit qu'il est à main droite, sa droite étant l'intérieur.

La jambe intérieure est utilisée en exerçant une pression constante sur la sangle afin de faire incurver le cheval (qui s'écarte de la pression de la jambe). La rêne intérieure donne et reprend pour faire incurver doucement le cheval vers l'intérieur.

La rêne extérieure joue un rôle très important en renforçant l'action de la rêne intérieure. Son contact ferme et souple empêche le cheval de plonger son encolure vers l'intérieur. La jambe extérieure, placée bien en arrière, empêche l'arrière-main de dévier à l'extérieur le cas échéant.

De façon idéale, le cheval devrait accepter un contact plus ferme de la rêne extérieure que de la rêne intérieure. En progressant, le cavalier apprendra à apprécier pleinement la valeur de la rêne extérieure.

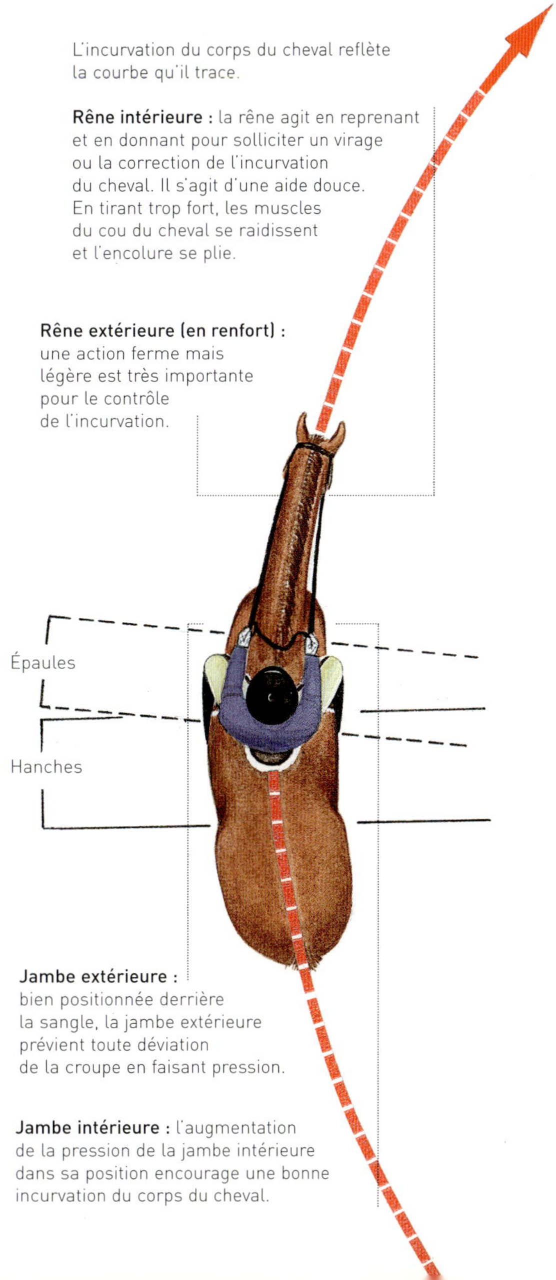

► Les épaules du cavalier sont parallèles aux épaules du cheval, de même que ses hanches.

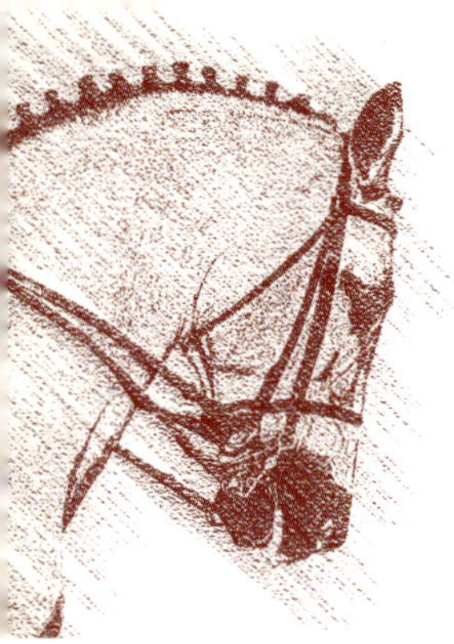

Les aides au galop

Le galop à droite ne se décompose pas de la même manière que le galop à gauche. Le cavalier a besoin de comprendre ce mécanisme avant d'envisager de galoper.

Le mouvement

Quand il galope à droite, le cheval pose d'abord son postérieur gauche sur le sol, puis son postérieur droit et son antérieur gauche, et enfin son antérieur droit. L'antérieur posé en dernier est celui qui s'avance plus que l'autre. Cette séquence est inversée lorsqu'il galope à gauche, son antérieur gauche devenant alors la jambe qui s'avance le plus.

Il est plus facile pour le cheval comme pour le cavalier de commencer à galoper sur une jambe donnée juste avant un coin.

Pour commencer à galoper à droite, le cavalier trotte à main droite et lorsqu'il s'approche d'un coin, il sollicite une incurvation avec la jambe et la rêne intérieures. Il est léger en selle, sa jambe extérieure se recule derrière la sangle. Un cheval bien dressé devrait alors immédiatement passer au galop.

Ce qu'il ne faut pas faire

En aucun cas, le cavalier ne doit relâcher les rênes, car le cheval accélérerait le rythme et le cavalier perdrait son équilibre.

Le cavalier ne doit pas non plus se pencher en avant pour vérifier s'il est sur la bonne jambe, car cela déséquilibre le cheval. Plus tôt le cavalier apprend à se baser sur ses sensations, mieux c'est.

Un galop désuni, c'est-à-dire lorsque le cheval galope de façon désordonnée, se reconnaît facilement et donne une sensation d'inconfort. Il faut alors que le cavalier reparte au trot et recommence.

▲ La jambe extérieure (gauche) du cavalier est placée derrière la sangle et le cheval commence la séquence de galop sur le postérieur gauche.

► La même action vue de derrière. Notez que la jambe intérieure du cavalier est sur la sangle et que la tête du cheval est tournée vers la droite.

Courbes et voltes

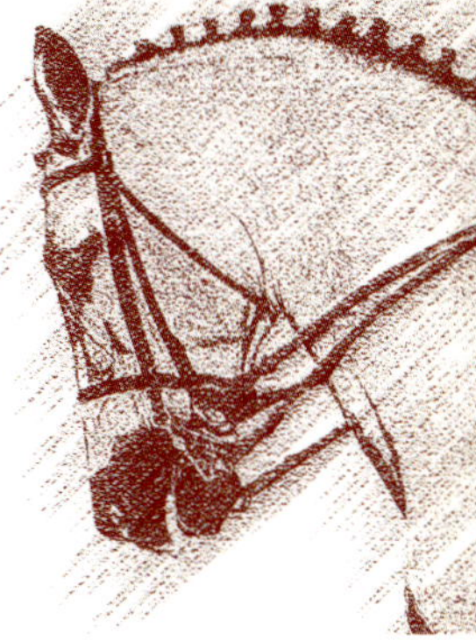

La souplesse du cheval est améliorée par différents exercices sur des voltes et des courbes. Ces exercices ne seront utiles que s'ils sont correctement exécutés.

Pour une volte, le cavalier doit décider de deux choses :

- L'endroit exact du début de la volte.
- L'ampleur de la volte.

Si le cavalier n'est pas sûr de lui, le cheval en profitera pour désobéir, même légèrement. Une belle volte se prépare quelques pas avant le point de départ. Le cavalier assure l'incurvation du cheval avec sa jambe et la rêne intérieures et en maintenant le contact avec la rêne extérieure. Ce sont des actions très subtiles. Au début de la volte, le cavalier regarde bien dans la direction vers laquelle il veut aller et accentue la pression de la jambe et de la rêne intérieures. La rêne extérieure joue un rôle important, car si son action s'allège, le début du cercle manquera de précision. Cependant, si le cavalier n'ouvre pas ses doigts pour permettre au cou du cheval de s'incurver à l'intérieur, celui-ci ne pourra pas tourner correctement. Une fois que la volte est commencée, le cavalier n'a qu'à maintenir l'incurvation du cheval pour s'assurer que le cercle sera bien rond.

Bien souvent, le cheval évite cet exercice complémentaire en n'incurvant pas son corps et en déviant sa croupe vers l'extérieur. La jambe extérieure du cavalier derrière la sangle est donc chargée de corriger cet éventuel mouvement de l'arrière-main.

Il faut faire travailler les chevaux sur des voltes aussi bien à main gauche qu'à main droite. Il est nécessaire de faire attention au changement de direction, lorsque le corps du cheval est momentanément droit, puis s'incurve de l'autre côté avec le changement de rêne. Même si la plupart des chevaux ont un côté plus raide que l'autre, ils doivent s'habituer au contact de la rêne extérieure et ne pas plus s'incurver d'un côté que de l'autre.

Lors du passage d'un côté sur l'autre, certaines fautes sont à éviter :

- Le cheval s'appuie sur son épaule extérieure : lorsqu'il est trop incurvé vers l'intérieur et se décale sur l'épaule extérieure. Pour corriger cette faute, augmenter la pression sur la rêne extérieure et renforcer le contact de la jambe extérieure.

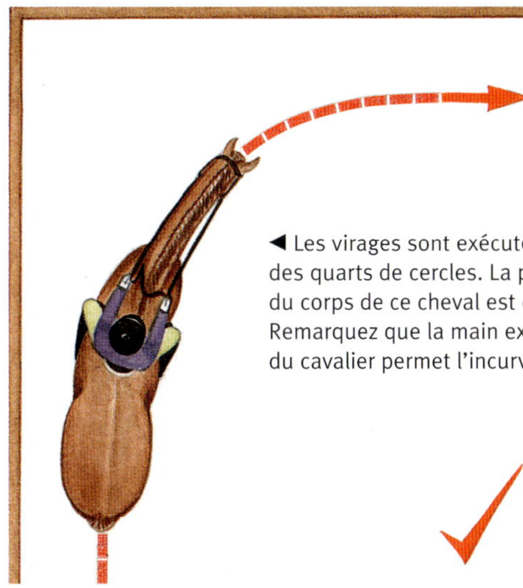

◄ Les virages sont exécutés comme des quarts de cercles. La position du corps de ce cheval est correcte. Remarquez que la main extérieure du cavalier permet l'incurvation.

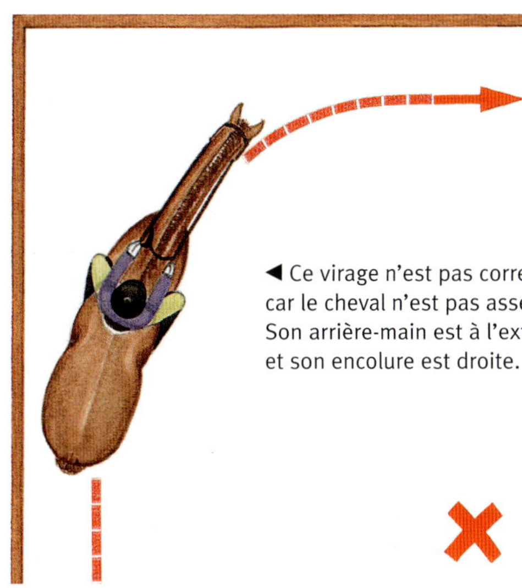

◄ Ce virage n'est pas correct car le cheval n'est pas assez incurvé. Son arrière-main est à l'extérieur et son encolure est droite.

• Le cheval se couche dans le virage : lorsqu'il est trop incurvé vers l'extérieur et se couche vers l'intérieur. Pour le corriger, augmenter la pression sur la jambe intérieure et agir sur la rêne intérieure.

► Se coucher dans le virage : incurvation vers l'extérieur, le poids pesant sur l'épaule intérieure du cheval. Le cavalier corrige le cheval de façon énergique.

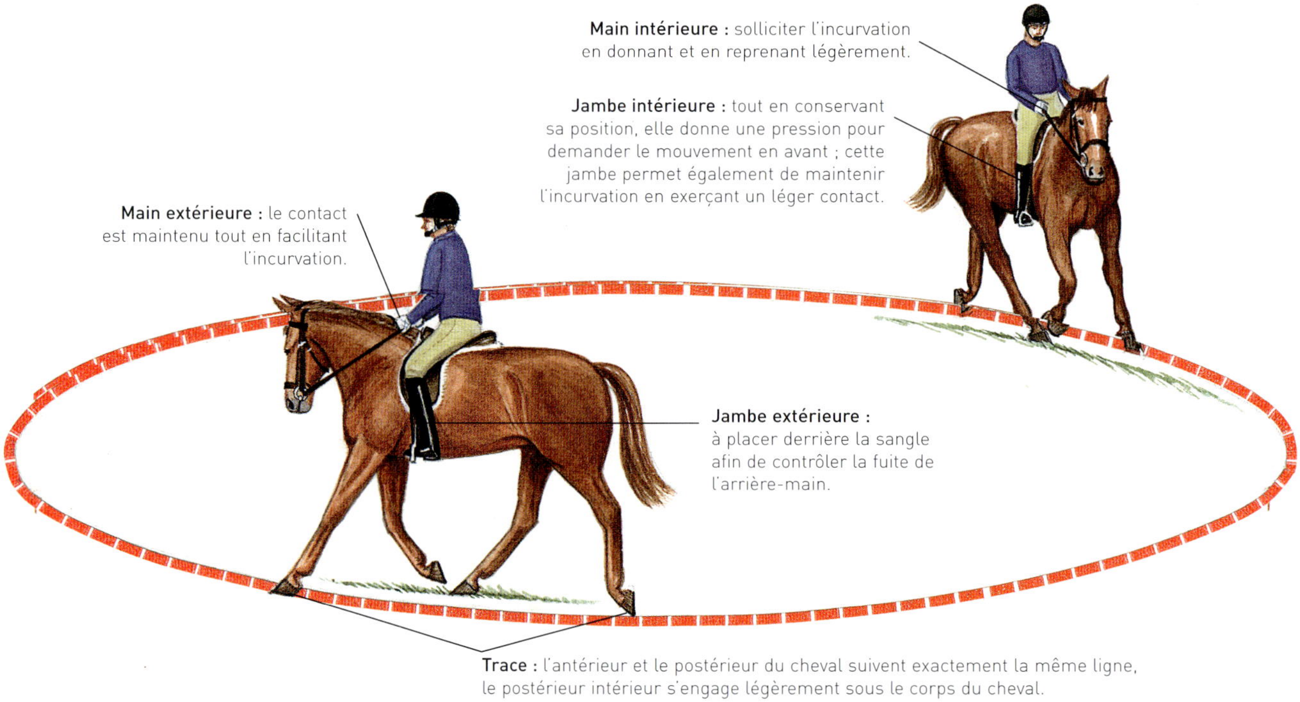

Tourner sur les épaules

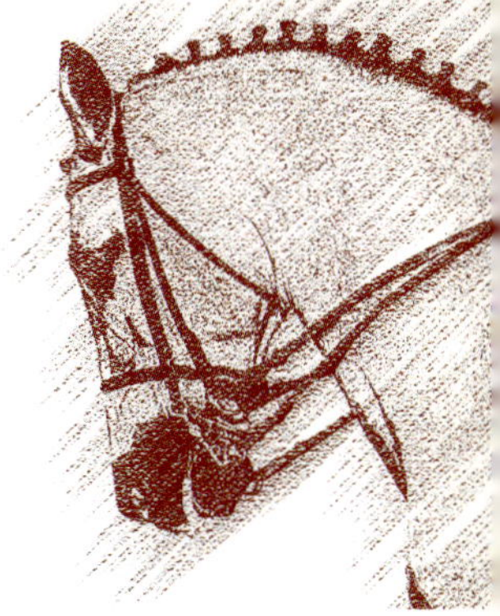

Tourner sur les épaules est normalement le premier mouvement latéral enseigné au cavalier. Il s'agit d'un exercice important car c'est la première fois que le cavalier utilise ses jambes et ses mains de façon totalement indépendante. Un tour sur les épaules s'effectue à l'arrêt et à au moins 1,50 m de la piste ou de la barrière pour avoir la place de tourner. De façon idéale, après un arrêt au carré, le cheval se tourne vers la piste, son antérieur droit (côté piste) marquant le temps et ses postérieurs effectuant un demi-tour autour des antérieurs. Un des postérieurs passe devant l'autre. Le cheval est donc incurvé dans la direction où il tourne, il reste au pas et ne recule pas.

Les mouvements du cavalier

Pour bien tourner sur les épaules, le cavalier démarre à main gauche. En venant de la piste, il effectue un arrêt au carré, puis sollicite une légère incurvation avec la rêne intérieure (la droite). En tournant à droite, le côté droit du cheval devient le nouveau côté intérieur. La rêne extérieure empêche le cheval d'avancer mais lui permet de s'incurver légèrement. La jambe intérieure du cavalier, placée juste derrière la sangle, fait se déplacer l'arrière-main, et la jambe extérieure, placée plus loin derrière, sert à la contrôler le cas échéant. À la fin du tour, il faut immédiatement avancer. Le cavalier doit sentir qu'il contrôle les épaules du cheval et qu'il les garde immobiles pendant que ses jambes font tourner l'arrière-main pour effectuer le changement de direction.

▲ En tournant à droite, les postérieurs effectuent un demi-cercle autour des épaules. L'antérieur droit reste sur place, tandis que le postérieur droit croise le postérieur gauche.

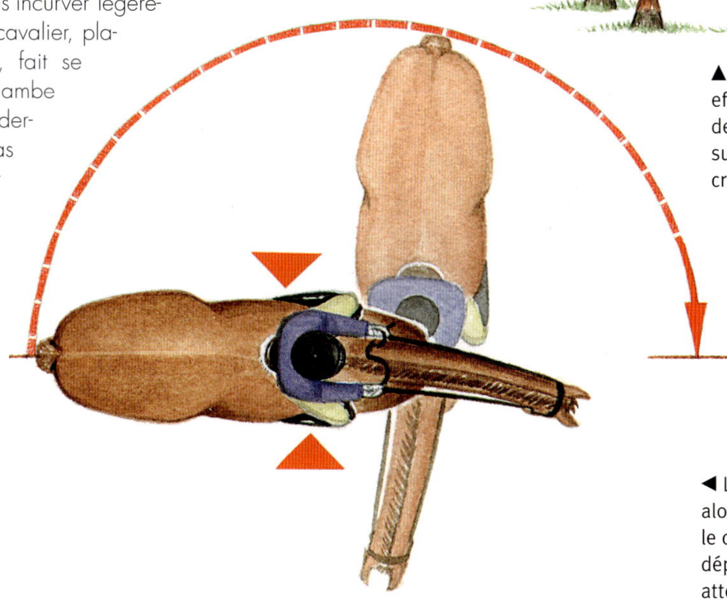

◀ La rêne droite sollicite une courbe alors que la rêne gauche empêche le cheval d'avancer. La jambe droite déplace l'arrière-main et la gauche attend et contrôle.

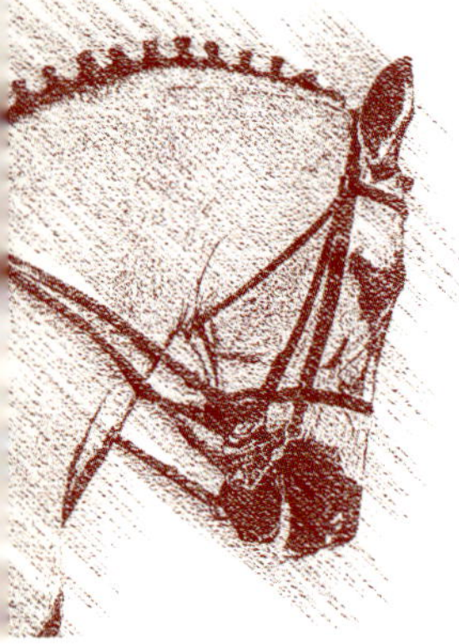

L'épaule en dedans

Une fois que le cavalier sait tourner sur les épaules et coordonner l'usage des mains indépendamment de celui des jambes, il peut essayer l'épaule en dedans, un des exercices les plus profitables pour lui comme pour le cheval.

La position

Généralement exécuté au trot, cet exercice concerne également le contrôle des épaules du cheval. Lors d'un tour sur les épaules, celles-ci sont immobiles, mais pour l'épaule en dedans, elles se déplacent sur la piste intérieure tandis que l'arrière-main reste sur sa piste. Le cheval s'incurve légèrement sur l'intérieur. Il suit trois pistes, voire quatre à un niveau plus avancé. Son postérieur intérieur ainsi que son antérieur extérieur suivent la même piste, tandis que l'antérieur intérieur et le postérieur extérieur suivent une autre piste. L'exercice perd de sa valeur, si le cheval ne parvient pas à s'incurver correctement. Il est plus facile pour le cavalier d'effectuer une petite volte pour préparer l'épaule en dedans car le cheval s'équilibrera ainsi naturellement et fera des foulées légèrement plus courtes. Il faut que le trot soit un peu plus rassemblé que le trot normal de travail.

À partir d'une petite volte ou d'un angle

Le cheval devrait déjà être correctement placé pour l'épaule en dedans. À partir d'une ligne droite, le cavalier demande d'abord une légère incurvation à l'intérieur (rêne intérieure, jambe intérieure). Le mouvement démarre lorsque le cavalier mène l'épaule du cheval hors de la piste avec la rêne extérieure tout en maintenant la légère incurvation, grâce à un léger contact sur la rêne intérieure. La jambe intérieure sur la sangle maintient l'impulsion et demande au cheval d'avancer vers l'avant et vers le côté. La jambe extérieure effectue les corrections nécessaires.

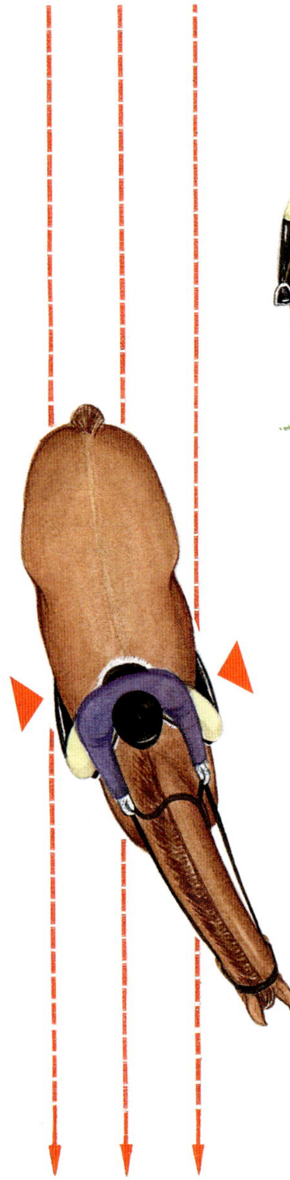

◀ Une épaule en dedans sur trois pistes. Remarquez la légère incurvation de la rêne et de la jambe intérieures, ainsi que le soutien important de la rêne extérieure.

Conclusion

Lorsque vous aurez atteint ces pages, vous aurez peut-être découvert qu'une même aide semble être utilisée pour différentes raisons. Cela n'est que partiellement vrai. C'est la subtile combinaison des jambes, du poids du corps et des rênes ainsi que les infimes différences mises au point par le cavalier qui permettent une merveilleuse complicité entre son cheval et lui. C'est seulement lorsque le cavalier est capable d'avoir des aides très légères, presque invisibles, qu'une excellente communication est établie.

Au début

Le cavalier recherchera le bon équilibre entre les jambes et les mains. Mais dès les premiers contacts, il devrait veiller à utiliser des aides logiques et précises afin de ne pas perturber le cheval. La base d'une bonne aide est une bonne assiette. Il faut toujours avoir à l'esprit les aides élémentaires :

- La jambe intérieure, quand elle appuie à l'endroit où elle se trouve, est une demande pour plus d'impulsion, pour un mouvement vers l'avant, mais aussi pour une incurvation.
- La jambe extérieure utilisée derrière la sangle contrôle l'arrière-main et demande la remise en équilibre au galop.
- La rêne intérieure demande les incurvations et contrôle la direction.
- La rêne extérieure contrôle la vitesse et l'incurvation. Elle vient toujours en renfort.

Le cavalier confirmé

Lorsque le cavalier connaît toutes ces aides de façon indépendante et sans perdre son équilibre, il est prêt à utiliser le poids du corps. L'assiette du cavalier agit à partir du fessier. En avançant une ou les deux hanches, le poids d'une ou des deux fesses est momentanément augmenté.

D'autre part, le cavalier ne doit pas perturber le cheval en changeant son système d'aides mais doit se souvenir que c'est en répétant les mêmes gestes que le cheval apprend.

Le cavalier, et plus particulièrement le débutant, ne doit jamais se fâcher contre un cheval qui désobéit. Il devrait plutôt se demander :

- Ai-je été assez clair ?
- A-t-il compris ?
- Sait-il faire ce que je lui demande ?

Si la réponse à l'une de ces questions est non, alors c'est le cavalier qui est responsable. Si c'est le cheval qui a commis une faute, il se peut qu'il ait été inattentif, auquel cas la cravache vient renforcer l'action de la jambe. S'il est nerveux ou angoissé, il faut le calmer. Le cavalier ne doit jamais se montrer brutal avec ses mains.

Au début, il peut sembler très difficile de coordonner les jambes et les mains, mais cela deviendra progressivement un réflexe et le cavalier finira par utiliser les aides sans s'en apercevoir. C'est un moment magique car il s'agit de la meilleure aide entre toutes : celle de la sensation. Le cavalier laisse son corps ressentir ce que fait son cheval plutôt que de se baser sur ses yeux et son cerveau. Il est alors devenu un véritable cavalier.

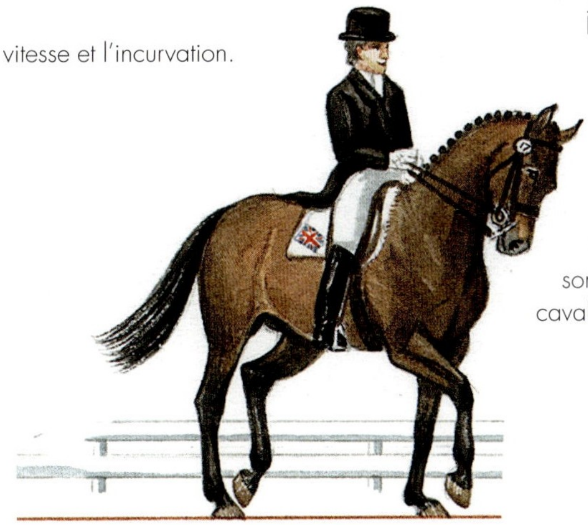

Index